초등학생을 위한 지식습관 ⑥

열대우림 30

RAIN FORESTS

글 젠 그린 | 그림 스테파니 머피 | 옮김 김은영 | 감수 이정모

아울북

차례

수많은 동식물이 사는 열대 우림 6

열대 우림이란? 8
1 우림은 어디에 있을까? 12
2 비 오는 숲 14
3 생물 다양성 16
4 식물의 생활 18
5 식물의 씨앗 20

층층이 나뉜 열대 우림 22
6 교목층 26
7 수관층 28
8 하목층 30
9 숲바닥 32

열대 우림의 야생 동물 34
10 먹이 그물 38
11 밤의 열대 우림 40
12 나무 타기와 활공의 달인 42
13 위험한 동물들 44
14 위장의 명수 46
15 징그러운 벌레들 48
16 물속의 생물 50

세계의 우림 52
17 아마존 열대 우림 56
18 중앙아메리카 열대 우림 58
19 아프리카 열대 우림 60
20 아시아 열대 우림 62
21 오스트레일리아 열대 우림 64
22 온대 우림 66

초등학생을 위한 지식습관 ❻

열대우림 30
RAIN FORESTS

글 젠 그린
지리, 역사, 자연, 그리고 환경을 전문으로 하는 작가이자 편집자다. 우리나라에 소개된 책으로는 『북극에서 남극까지 역사 문화 자연이 한눈에 쏙 들어오는 아주아주 놀라운 세계그림지도』 등이 있다.

그림 스테파니 머피
어린이들의 즐거움과 호기심을 불러일으키기 위해 세심하고도 풍부한 그림을 그린다. 장난스러운 패턴, 마법의 괴물, 이상한 캐릭터들을 그리는 것을 좋아한다.

옮김 김은영
서울대학교 자연과학부에서 지구시스템과학을, 동대학원에서 고생물학을 공부했다. 지금은 과학을 쉽고 재미있게 전달하기 위해 책을 쓰고, 우리말로 옮기고 있다. 쓴 책으로는 『미션키트맨 2』가 있고, 『과학 없는 과학』, 『세상을 바꾼 수학』, 『지식이 번쩍! Creativity Book_깜짝 발명』, 『진짜 진짜 재밌는 과학 그림책』, 『뱅! 어느 날 점 하나가』 등을 우리말로 옮겼다.

감수 이정모
국립과천과학관 관장으로 연세대학교 생화학과를 졸업하고, 같은 학교 대학원에서 석사학위를 받았다. 서대문자연사박물관 관장, 서울시립과학관 관장으로 재직하였으며 2019년 과학의 대중화에 기여한 공로로 과학기술훈장 진보장을 받았다.
지은 책으로 『저도 과학은 어렵습니다만』, 『과학자를 울린 과학책』(공저), 『공생 멸종 진화』, 『바이블 사이언스』, 『달력과 권력』, 『그리스 로마 신화 사이언스』, 『삼국지 사이언스』(공저), 『과학하고 앉아 있네 1』(공저), 『해리포터 사이언스』(공저) 외 다수가 있고 옮긴 책으로 『인간 이력서』, 『매드 사이언스 북』, 『모두를 위한 물리학』 외 다수가 있다.

인간과 열대 우림 68
- `23` 열대 우림의 원주민 72
- `24` 먹을거리 찾기 74
- `25` 탐험가 76
- `26` 열대 우림의 보물 78

열대 우림의 미래 80
- `27` 사라지는 열대 우림 84
- `28` 삼림 벌채 86
- `29` 멸종 위기 야생 동물 88
- `30` 열대 우림 보호하기 90

지식 플러스
열대 우림의 멸종 위기 생물 92

수많은 동식물이 사는 열대 우림

식물이 빽빽이 들어찬 열대 우림은 지구상에서 가장 풍요로운 서식지입니다. 열대 우림이 지구상에서 차지하는 면적은 아주 좁지만, 지구에 사는 동식물의 절반 이상이 열대 우림에서 살고 있습니다. 과학자들은 열대 우림에 1,000만 종이 넘는 생물이 살고 있다고 말하지만, 이것도 어림짐작일 뿐입니다. 열대 우림에서는 해마다 새로운 동식물이 발견되고 있기 때문입니다.

슬프게도 귀중한 열대 우림이 점점 줄어들고 있습니다. 목재를 만들거나 플랜테이션 농사를 짓기 위해 나무를 계속 베어 내고 있기 때문입니다. 열대 우림이 지구 전체를 위해서 소중한 이유를 알아봅시다. 그리고 열대 우림을 지키고 고스란히 후손에게 물려줄 방법 또한 알아봐야 합니다.

이 책에서 우리는 열대 우림의 성장 과정과 그곳에서 번성하는 생물들의 삶을 탐험할 것입니다. 또한 의약품을 포함해서 열대 우림이 사람에게 제공하고 있는 놀라운 것들을 알아봅니다. 그리고 열대 우림이 어떻게 지구를 지키고 있는지 들여다볼 것입니다.

이 책은 열대 우림에 관한 30개의 주제를 담고 있습니다. 각 주제를 배우고 난 뒤에 식물의 증산 작용 확인하기, 곤충과 벌레 탐사하기, 동물 흔적 추적하기 등의 활동을 해 볼 수 있습니다. 자, 이제 멋진 열대 우림의 세계로 뛰어들어 볼까요?

열대 우림이란?

눈을 감고 식물이 마구 우거진 드넓은 푸른 숲에 있다고 상상해 보세요. 여러분은 지금 열대 우림에 있습니다. 거대한 나무줄기가 사방으로 뻗어 있고, 나뭇잎은 높은 곳에서 팔랑거리고 있습니다. 어느 쪽을 보든 늘어진 덩굴과 뒤엉킨 초목이 눈앞을 가로막습니다. 마치 구름처럼 모인 곤충 떼가 뜨겁고 축축한 공기 속에서 윙윙거리며 춤을 춥니다.

모든 우림이 뜨거운 열대 지방에 있는 건 아닙니다. 이 장에서는 어디에 열대 우림이 있는지, 그 지역의 환경은 어떤지, 열대 우림 식물이 어떻게 자라고 울창해지는지 알아봅니다.

열대 우림이란?
읽기 전에 알아두기

광합성 식물이 태양 에너지를 이용해 이산화 탄소와 물을 양분으로 바꾸는 과정. 이때 산소가 발생한다.

꽃가루 식물이 만드는 노란빛의 고운 가루. 한 식물의 꽃가루가 다른 식물로 옮겨 가면 씨앗이 생긴다.

꿀 꽃에서 나오는 달콤한 액체. 식물은 꿀을 만들어 곤충과 새를 유혹해 꽃가루를 옮기게 한다.

발아 씨앗에서 싹이 나와 자라는 과정.

산소 사람과 동물이 숨을 쉴 때 필요한 기체. 식물이 만든다.

생물 다양성 지구 또는 특정 서식지에 있는 생물의 풍부함과 다양성. 지구상의 생명을 유지하는 데 매우 중요하다.

서식지 어떤 생물이 일정한 곳에 자리를 잡고 사는 곳.

수분 한 식물의 꽃가루를 다른 식물로 옮겨 씨앗을 맺고 자손을 퍼뜨리는 과정.

수증기 공기 중에 기체 상태로 있는 물.

습도 공기 가운데 수증기가 들어 있는 정도.

식충 식물 잎으로 벌레를 잡아 소화, 흡수하여 양분을 취하는 식물. 벌레잡이 식물이라고도 한다.

열대 적도의 바로 위, 아래에 해당하는 지역. 1년 내내 기후가 덥고 습하다.

영양소 생명체가 살고 자랄 수 있도록 하는 물질. 동물은 음식, 식물은 흙에서 각각 영양소를 얻는다.

운무림 거의 매일 구름이나 안개가 끼어 있어서, 습도가 높은 숲. 이끼류나 기생식물이 두텁게 숲을 뒤덮고 있다.

온대 열대와 한대 사이의 지역.

응결 기체가 액체로 바뀌는 현상. 예를 들어 수증기는 응결해 물이 된다.

이산화 탄소 사람과 동물이 숨을 내쉴 때, 그리고 탄소를 태울 때 나오는 기체.

적도 지구 둘레를 따라 그은 가상의 선. 북극과 남극으로부터 같은 거리에 있다.

종 특징이 비슷하고, 서로 짝짓기를 해서 자손을 만들 수 있는 동식물의 무리.

증발 액체가 기체로 변하는 현상. 예를 들어 물이 증발하여 수증기가 된다.

홍수림 강이 정기적으로 흘러넘쳐 강가의 땅을 덮는 지역의 숲.

한눈에 보는 지식
1 우림은 어디에 있을까?

열대 우림은 적도 둘레에서 초록이 빽빽한 띠를 이루며 자랍니다. 적도는 지구의 허리를 따라 그은 가상의 선입니다. 이 지역은 덥고 습한데, 1년 동안의 평균 기온이 27℃를 넘습니다. 축축하고 끈적한 공기 때문에 더욱 후텁지근하게 느껴집니다. 기온이 높고 비가 많이 오기 때문에 열대 우림에서는 식물이 아주 잘 자랍니다.

온대 우림은 열대 지방의 북쪽과 남쪽에 있습니다. 열대 지방보다 선선하지만, 이 지역에도 많은 비가 내린답니다.

세계에서 가장 큰 열대 우림은 아마존 열대 우림입니다. 이곳은 다른 어떤 곳보다 많은 생물들이 살고 있습니다. 비행기에서 내려 보면 이 지역의 드넓은 숲은 사방에 있는 수평선까지 뻗어 있는 푹신한 초록 담요처럼 보입니다.

열대 우림의 종류는 다양합니다. 홍수림은 강이 정기적으로 흘러넘쳐 강 주변의 땅을 덮는 곳에서 자랍니다. 운무림은 언덕과 산의 비탈진 곳에서 자랍니다. 거의 날마다 축축하고 소용돌이치는 안개와 구름으로 뒤덮여 있어서 '운무림'이라고 합니다. 맹그로브 숲은 열대 지방의 해안에서 자랍니다. 맹그로브의 뿌리는 바닷물에 잠겨 있는 땅속에서도 자라며 일부는 짠물 위로 솟아올라 있습니다.

한줄요약
열대 우림은 주로 적도 주변에 있습니다.

세상에서 가장 작은 열대 우림!
말레이시아의 수도 쿠알라룸푸르에 있는 부킷나나스 산림 보호 구역은 세계에서 가장 작은 열대 우림 중 하나입니다. 이 열대 우림은 300만 명 이상의 사람들이 사는 대도시의 중심에 있는데, 세계에서도 손꼽히는 높은 빌딩들도 바로 옆에 있습니다. 과학자들은 이 열대 우림이 약 300만 년 전에 만들어진 것으로 추측합니다. 이 숲에는 원숭이, 큰 뱀, 다람쥐, 왕도마뱀이 살고 있습니다.

우림은 열대 지방과 온대 지방에 있다.

온대 우림은 열대 지방의 북쪽과 남쪽에 있다.

북아메리카 유럽 아시아

북회귀선
적도
남회귀선

아프리카

열대 우림은 적도 주변에 있다.

오스트레일리아

남아메리카

■ 열대 우림
■ 온대 우림

운무림은 산과 언덕의 비탈진 곳에 있다.

열대 우림의 종류는 다양하다.

강물이 넘쳐 홍수림을 덮는다.

맹그로브 숲은 열대 지방의 해안에서 볼 수 있다.

한눈에 보는 지식
2 비 오는 숲

열대 우림의 '우림(雨林)'은 '비오는 숲'이라는 뜻입니다. 말 그대로 열대 우림에는 해마다 적어도 2m 정도의 비가 내립니다.

대부분의 열대 우림은 새벽에는 맑고 화창합니다. 그러다 오전에 구름이 끼기 시작해 오후가 되면 엄청난 폭우가 쏟아집니다.

대부분의 열대 우림은 습기를 잔뜩 머금은 채 바다에서 불어오는 바람이 지나는 길에 있습니다. 열대 우림에 내리는 비의 75%는 숲과 강, 공기를 오가며 만들어지는 습기 때문에 내립니다. 이렇게 한 공간에서 물이 기체와 액체 사이를 오가는 것을 '물의 순환'이라고 합니다.

비가 내리면 나무와 풀이 빗물을 흡수합니다. 남은 빗물은 땅속으로 스며들어 개울, 강, 호수로 흘러듭니다. 태양이 내리쬐면 표면에 있던 습기는 증발해 수증기로 변해서 공기 속으로 퍼집니다. 높은 습도(습기의 양)는 공기를 끈적끈적하게 만듭니다. 이 따뜻하고 축축한 공기는 높이 올라가서 차가워집니다. 그러면 습기는 응결해 구름을 만들고, 구름이 무거워지면 비가 되어 땅으로 내립니다. 그리고 물의 순환이 다시 시작된답니다.

한줄요약
열대 우림에는 1년에 적어도 2m 이상의 비가 내립니다.

증산 작용

식물은 나뭇잎에 있는 작은 구멍으로 습기를 내어놓습니다. 이를 증산 작용이라고 합니다. 실험을 통해 확인해 봅시다.

준비물 식물 화분, 물뿌리개, 비닐 봉투, 접착테이프

실험 방법

① 화분의 흙에 물을 준 뒤, 비닐 봉투를 식물에 뒤집어 씌우고 접착테이프로 화분에 고정하세요.

② 화분을 1시간 동안 바깥이나 창가에 두어 햇빛을 쬐도록 합니다.

⋯ 식물이 내어놓은 습기가 응결해 비닐 봉투 안에 물방울이 맺힐 것입니다.

한눈에 보는 지식
3 생물 다양성

생물 다양성은 생명체 품종의 다양성, 다시 말해 지구에서 사는 모든 생물 종 수를 말합니다. 열대 우림은 지구 표면의 6%밖에 되지 않지만 다른 육상 서식지에 사는 모든 동식물을 합친 것보다 더 많은 동식물이 열대 우림에서 삽니다.

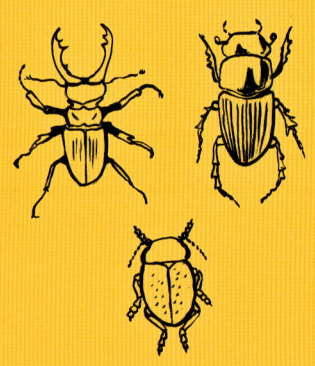

열대 우림은 따뜻하고 축축한 환경 덕분에 다양한 식물이 번성하고 있습니다. 지구에 사는 식물 약 25만 종류 가운데 3분의 2가 열대 우림에서 자랍니다. 과학자들은 아마존 열대 우림에 있는 10,000㎡ 넓이의 장소에서 480종류의 나무를 찾아냈습니다. 대부분의 온대림에는 10여 종류만 있고, 캐나다와 미국에서 자라는 나무의 종류를 모두 합쳐도 약 700종류뿐입니다.

열대 우림에 사는 곤충의 수와 종류는 매우 많고 다양합니다. 예를 들어 아마존의 열대 우림 보호 구역인 마누 국립 공원에는 1,300여 종의 나비가 살고 있습니다. 이곳보다 면적이 600배나 넓은 유럽에는 고작 570여 종의 나비가 삽니다.

한줄요약
열대 우림에는 놀라울 정도로 다양한 생물이 살고 있습니다.

아마존의 새로운 생물
열대 우림 지역에서는 해마다 새로운 생물 종이 발견되고 있습니다. 예를 들어, 과학자들은 2010년부터 2013년까지 단 4년 동안 아마존에서 약 440종의 새로운 생물을 찾아냈습니다. 물고기, 개구리, 도마뱀, 뱀, 설치류, 그리고 고양이처럼 목을 골골 울리는 원숭이 등입니다. 앞으로도 아마존에서는 수천 종의 새로운 생물이 발견될 것으로 예상할 수 있습니다.

열대 우림에는
육상에서 사는 모든 생물 종의
절반 이상이 서식한다.

유럽 대륙 전체: 1,000만 km²
나비 570종

🦋 = 나비 10종

생물 다양성이
가장 빈약한 곳

적도

생물 다양성이
가장 풍부한 곳

생물 다양성은
추운 지역에서 열대 지방으로
갈수록 늘어난다.

🦋 = 나비 10종

페루의 마누 국립 공원: 1만 7,000km²
나비 1,300종

17

한눈에 보는 지식
4 식물의 생활

열대 우림에서 자라는 식물은 다른 지역의 식물보다 엄청나게 빨리 자랍니다. 우리 집 정원이나 화분에서 자라는 식물이 여름에 얼마나 빨리 자라는지 생각해 보세요. 하지만 여름은 겨우 한철일 뿐입니다. 열대 우림의 식물과 나무는 1년 내내 그 속도로 자랍니다.

식물은 한곳에 뿌리를 내리고 삽니다. 동물들처럼 먹이를 구하러 돌아다닐 수 없지요. 그럼 식물은 어떻게 양분을 얻어서 자랄까요? 답은 바로 '햇빛을 받아 광합성을 해서 직접 양분을 만든다'입니다.

식물의 초록 부분은 아주 작은 태양광 전지와 같습니다. 햇빛을 붙잡아 공기에 섞여 있는 이산화 탄소, 뿌리에서 흡수한 흙 속의 물과 영양소를 이용해 포도당을 만듭니다. 식물은 포도당을 저장하거나 자라는 데 씁니다. 이 과정에서 식물은 동물이 숨을 쉴 때 꼭 필요한 산소를 내놓습니다.

땅이 척박한 동남아시아 열대 우림에 사는 사라세니아는 부족한 영양분을 채우기 위해 덫을 만들고 여기 걸린 곤충을 잡아서 먹습니다. 사라세니아의 잎은 안쪽이 미끌미끌한, 작고 길쭉한 컵처럼 생겼습니다. 곤충이 컵 바닥에 고인 소화액에 빠지면 사라세니아는 곤충의 몸을 분해해 영양분을 빨아들입니다.

한줄요약
식물은 광합성을 통해서 영양분을 만들고 성장합니다.

광합성
식물이 광합성을 통해 어떻게 산소를 내보내는지 실험해 봅시다.

준비물 식물, 가위, 물 한 컵

실험 방법
① 식물의 잎을 잘라내 물이 담긴 컵에 꽂습니다.
② 컵을 햇빛이 잘 드는 곳에 한 시간 가량 둡니다.
→ 아주 작은 공기 방울이 잎 가장자리와 컵 벽면에 맺혀 있을 것입니다. 이 방울이 바로 산소입니다.

한눈에 보는 지식
5 식물의 씨앗

대부분의 열대 우림의 식물은 씨앗을 퍼뜨립니다. 그런데 식물이 씨앗을 만들려면 먼저 수술에서 만들어진 꽃가루를 다른 꽃의 암술로 옮겨 수정시켜야 합니다. 이 과정을 수분이라고 합니다.

많은 열대 우림의 식물은 꿀벌, 새, 박쥐 같은 동물의 힘을 빌려 꽃가루를 옮깁니다. 동물이 꽃에서 달콤한 꿀을 빠는 동안 동물의 몸에 꽃가루가 묻습니다. 그 동물이 다른 꽃으로 옮겨 가면 몸에 묻은 꽃가루가 다른 꽃에 떨어집니다. 꽃가루는 암술에서 수정되고 식물은 씨앗을 맺기 시작합니다.

다 자란 씨앗은 다시 동물의 힘을 빌어 씨앗을 먼 곳까지 퍼뜨리기도 합니다. 즙이 많은 과일과 열매 안에 씨앗이 들어 있을 경우, 원숭이 같은 동물이 과일을 먹으면 씨앗은 원숭이의 똥에 섞인 채 열대 우림의 다른 장소에 떨어집니다.

씨앗이 싹을 틔우려면 알맞은 온도와 빛이 필요합니다. 열대 우림은 1년 내내 무덥지만, 키가 크고 빽빽한 나무들 때문에 땅 위는 어두컴컴합니다. 하지만 나무가 쓰러진 곳에는 빛이 들어옵니다. 그곳에서 싹을 틔운 식물은 빛을 향해 아주 빠르게 자라납니다.

한줄요약
식물은 씨앗을 만들어 널리 퍼뜨립니다.

씨앗 실험
씨앗의 모양을 보고, 씨앗이 어떻게 이동하는지 알아봅시다.

준비물 씨앗, 돋보기

실험 방법
① 여러 씨앗을 준비합니다.
② 돋보기로 씨앗을 관찰합니다.
⋯ 민들레와 단풍나무처럼 가벼운 날개가 달린 씨앗은 바람에 실려 날아갑니다. 도꼬마리는 갈고리가 달린 씨앗을 만들고, 이것들은 사람의 옷이나 동물 털에 달라붙어 이동합니다. 사과나 배는 맛있는 과일 안에 들은 씨앗을 먹은 사람이나 동물의 몸을 통해 이동합니다.

층층이 나뉜 열대 우림

열대 우림은 아파트와 비슷합니다. 아파트 층층마다 사는 사람이 다른 집이 있는 것처럼 열대 우림에 사는 다양한 동물들은 높이가 다른 나무에서 살기 때문입니다.

과학자들은 높이에 따라 열대 우림을 크게 네 개의 층으로 나누고 있습니다. 가장 높은 곳에 있는 교목층부터 수관층, 하목층, 숲바닥이 층층이 있습니다. 아마존 열대 우림을 기준으로 네 개의 층을 차례대로 살펴봅니다.

층층이 나뉜 열대 우림
읽기 전에 알아두기

곁뿌리 식물의 원뿌리에서 갈라져 나간 작은 뿌리.

공중 뿌리 땅 위에 있는, 공기 중에 나와 있는 뿌리.

덩굴 길게 뻗어나가면서 나무 등 다른 물건을 감아 올라가는 식물의 줄기.

미기후 아주 좁은 지역의 기후. 특히 주변 지역에 비교해 어느 한 지역의 기후가 아주 다를 때 쓰는 말이다.

선구 식물 새로운 서식지에 먼저 자리를 잡는 식물. 햇빛을 좋아하고 빠르게 자란다.

영양소 생명체가 살고 자랄 수 있도록 하는 물질. 동물은 음식, 식물은 흙에서 각각 영양소를 얻는다.

온대 너무 덥지도, 너무 춥지도 않은 기온이 온화한 장소. 온대 우림은 열대의 북쪽과 남쪽에서 자란다.

조류 뿌리, 줄기, 잎이 없는 단순한 식물.

착생 식물 다른 식물이나 물체에 붙어서 사는 식물.

판근 나무의 곁뿌리가 평평한 판 모양으로 되어 땅 위에 드러난 것.

포식자 다른 동물을 먹이로 잡아먹는 동물.

포유동물 등뼈를 갖고 있고 새끼에게 젖을 먹여 키우는 항온 동물.

한눈에 보는 지식
6 교목층

열대 우림의 많은 나무가 약 50m 높이까지 자랍니다. 거의 70m까지 자라는 나무들도 있습니다. 이렇게 열대 우림에서 하늘 높이 우뚝 솟은 나무를 교목이라고 하며, 교목이 차지하고 있는 층을 교목층이라고 합니다.

열대 우림의 꼭대기인 교목층은 동식물이 가장 살기 힘든 곳입니다. 거센 바람이 교목을 마구 흔들어 대고 눈부신 햇빛이 강렬하게 내리쬡니다. 폭풍이 치는 동안에는 빗줄기가 거세게 쏟아지는 데다 가끔 벼락이 떨어질 때도 있습니다.

이런 위험에도 불구하고 교목의 꼭대기에는 동물도 살고, 착생 식물도 살고 있습니다. 착생 식물은 교목의 나뭇가지를 따라 자라지만 나무에 뿌리를 내리는 대신 빗물과 햇빛을 이용해 영양분을 만듭니다. 브로멜리아드라고 부르는 난초들은 빗물을 받기 위해 작은 컵 모양의 잎을 가지고 있습니다.

교목층에서는 아마존의 최고 포식자인 부채머리수리가 자주 나타납니다. 날카로운 눈을 빛내는 이 사냥꾼은 세계에서 가장 큰 맹금류 중 하나입니다. 부채머리수리는 높은 나무 위에서 나뭇가지에 숨어 사는 원숭이 같은 먹잇감을 찾습니다.

나무 높이 재기

준비물 줄자, 도와 줄 친구

실험 방법

① 팔을 쭉 뻗고 다른 사람을 칭찬할 때처럼 주먹을 쥐고 엄지를 들어올린 채 나무에서 조금씩 멀어지세요.
② 엄지의 끝을 나무 꼭대기에 맞추고, 손바닥 가장자리가 나무의 가장 아랫부분과 일직선에 있는 장소를 찾으면 바로 멈추세요.
③ 이 지점에서 손만 옆으로 90도 돌립니다.
④ 나무 옆에 서 있는 친구에게 조금씩 움직이라고 해서 여러분의 엄지 끝과 친구의 머리끝이 일치하는 곳을 찾으세요.
→ 그 지점에 멈춰 선 친구와 나무 사이의 거리가 바로 나무의 높이랍니다.

한줄요약
교목층은 열대 우림의 최상층을 차지합니다.

한눈에 보는 지식
? 수관층

열대 우림의 교목 사이에는 크고 작은 가지와 나뭇잎을 넓게 펼친 나무들이 빽빽하게 들어차 있습니다. 이곳을 수관층이라고 하는데, 숲그늘이라고도 부릅니다. 수관층이 햇빛과 습기를 거의 전부 막기 때문에 수관층의 바로 아래는 그늘이 드리워져 어둡습니다. 수관층은 땅에서 약 30m 떨어져 있고, 이 층의 두께는 7~10m입니다.

수관층은 교목층보다 안전합니다. 하지만 햇볕이 여전히 강렬하게 내리쬐고 폭우가 쏟아져 흠뻑 젖기 일쑤입니다. 서로 층층이 겹친 나뭇잎들은 마치 겹쳐져 있는 우산 같습니다. 빗방울이 나뭇잎 사이로 흘러 땅바닥에 떨어질 때까지 10분이 걸리기도 한답니다.

수관층에는 동물들이 먹을 수 있는 식물이 풍부합니다. 잎, 새순, 꽃, 과일, 씨앗 등은 수많은 동물의 먹이가 됩니다. 열대 우림의 수관층은 원숭이나 다람쥐와 같은 포유동물, 새, 도마뱀, 뱀, 그리고 윙윙대는 곤충 수백만 마리를 비롯해 수많은 생명체가 모여 사는 공간입니다.

열대 우림에 사는 대부분의 동물은 수관층에서 평생을 보내며 땅으로는 거의 내려오지 않습니다. 과학자들은 오랫동안 수관층에 사는 생물들에 대해 제대로 알지 못했습니다. 이제 과학자들은 등산용 로프와 공중 산책로, 크레인, 심지어 열기구를 이용해 수관층에 사는 동식물을 연구하고 있습니다.

한줄요약
잎이 빽빽하게 들어찬 수관층에는 동식물이 아주 많이 삽니다.

수관층 관찰
온대 우림의 나무들도 나뭇잎이 빽빽한 수관층을 이루고 있습니다. 잎이 크고 빽빽한 참나무 밑에 서서 위를 올려다보세요. 잎들 사이로 하늘을 볼 수 있나요? 비가 오기 시작할 때 나무 아래쪽을 살펴보세요. 나뭇잎을 두드리는 빗방울이 잎 사이를 지나서 땅에 떨어져 바닥이 젖을 때까지 얼마나 걸리는지 시간을 재어 보세요.

한눈에 보는 지식
8 하목층

수관층의 **빽빽**한 나뭇잎이 빛과 습기를 거의 모두 막아 버리기 때문에 하목층은 어두침침합니다. 하목층의 나무들 중 야자나무와 몇몇 어린나무들만이 잎이 나있습니다. 나머지 나무들은 잎이 거의 없습니다.

높은 가지에는 공중 뿌리가 늘어지고, 덩굴의 줄기는 나무를 휘감으며 빛을 향해 자라납니다. 원숭이들은 공중 뿌리와 덩굴을 이용해서 숲바닥에서 하목층으로 올라가거나 수관층에서 하목층으로 내려옵니다.

하목층에 사는 나무늘보는 1분에 겨우 2m씩 이동할 정도로 매우 느릿느릿합니다. 정말로 느리답니다! 나무늘보의 먹이는 영양분이 많지 않습니다. 그래서 나무늘보는 에너지를 쓰지 않기 위해 대부분의 시간을 잠자는 데 보냅니다.

하목층에 사는 교살무화과는 새나 원숭이가 높은 가지에 떨군 씨앗에서 싹을 틔웁니다. 착생 식물인 교살무화과의 공중 뿌리는 하목층을 통해 땅까지 뻗습니다. 그다음엔 뿌리로 나무를 빙빙 둘러싼 뒤 나무의 영양분을 빼앗아 갑니다. 나무가 죽어 썩은 뒤에도 교살무화과는 그대로 남아 있답니다.

한줄요약
수관층 밑에 있는 하목층은 어두침침합니다.

나무 둘레 재기
나무의 둘레는 보통 땅에서 1.4m 떨어진 높이에서 잽니다. 나무 둘레 재어 봅시다.

준비물 줄자, 도와 줄 친구

실험 방법
① 친구에게 나무줄기의 머리 높이 부분에 줄자 한쪽 끝부분을 대고 서 있으라고 부탁하세요.
② 줄자를 들고 나무를 한 바퀴 돌아 원을 만들어 나무의 둘레를 잽니다.
③ 주변에 있는 나무들의 둘레를 재어 비교해 보세요.
⋯ 열대 우림에는 나무 둘레가 15m나 되는 나무도 있습니다.

한눈에 보는 지식
9 숲바닥

열대 우림의 바닥 부근은 아주 어둡고 때로 건조합니다. 수관층을 간신히 통과한 빛과 습기만이 바닥까지 닿기 때문입니다. 거대한 나무가 쓰러져야만 햇빛이 어둠을 뚫고 내려올 수 있습니다. 햇빛이 도달한 곳은 숲바닥의 다른 곳과 기후가 달라집니다. 이곳에서는 햇빛과 높은 온도가 모두 필요한 식물이 자라납니다. 이처럼 새로운 서식지에 먼저 자리 잡는 식물을 선구 식물이라고 합니다.

열대 우림 식물이 뿌리를 내리고 있는 흙은 얇고 메말랐습니다. 식물이 모든 영양소를 아주 빨리 빨아들이기 때문입니다. 이것은 열대 우림에서 얻을 수 있는 대부분의 영양소는 흙이 아니라 식물 안에 있다는 뜻입니다. 만약 나무나 풀을 모두 베어 버리면 열대 우림의 땅은 곧 거칠고 메마르게 바뀔 것입니다.

열대 우림에서는 땅 위로 튀어나온 커다란 곁뿌리를 피해야 하기 때문에 똑바로 걷기 힘듭니다. 평평한 판 모양처럼 생긴 이런 곁뿌리를 판근이라고 부르는데, 나무의 엄청난 무게를 지탱해야 하기 때문에 매우 단단합니다.

숲바닥은 나무에서 떨어진 낙엽으로 덮여 있습니다. 지렁이, 달팽이, 곤충, 지네, 그리고 털이 숭숭 돋아난 커다란 거미가 이곳에서 살고 있습니다. 몸집이 큰 포유동물들도 땅에서 살고 있습니다. 아구티, 맥, 그리고 개미핥기와 같은 포유동물들도 땅에서 살며, 낙엽을 뒤져 먹이를 찾습니다.

한줄요약
숲바닥은 매우 어둡고 토양이 거칠고 메마릅니다.

식물 조사
과학자들은 숲바닥의 식물을 연구할 때 가로, 세로 각각 1m짜리 사각형 안에 있는 모든 종을 조사합니다. 식물의 종을 조사해 봅시다.

준비물 줄자, 끈, 텐트용 말뚝 4개

실험 방법
① 끈, 텐트용 말뚝, 그리고 줄자를 이용해 잔디밭이나 가까운 산에 가서 가로와 세로 각각 1m짜리 사각형을 표시합니다.
② 사각형 안에서 여러분이 발견한 식물의 종 수를 세어 봅니다.
③ 식물도감이나 인터넷을 이용해 어떤 식물을 찾았는지 알아내어 봅시다.

열대 우림에서 가장 큰 동물 가운데 일부는 숲바닥에서 살고 있다.

판근이라 부르는 커다란 곁뿌리가 나무의 무게를 지탱하고 있다.

숲바닥

맥

파카

아구티

선구 식물은 한 줄기 빛이 들어오는 곳에서 자란다.

개미핥기는 하루에 무려 3만 5,000마리나 되는 개미와 흰개미를 찾아낸다!

햇빛의 2%만 겨우 숲바닥까지 닿는다.

낙엽에는 곤충들이 바글바글하다.

열대 우림의 야생 동물

열대 우림에는 엄청나게 다양한 동물이 살고 있습니다. 곤충을 비롯하여 파충류, 새, 양서류, 포유동물도 있습니다.
열대 우림에 사는 동물들은 먹이를 두고 서로 경쟁해야 하고, 다른 동물에게 잡아먹히지 않기 위해 노력해야 합니다. 이 장에서는 열대 우림의 수많은 동물들을 관찰해 봅니다.

열대 우림의 야생 동물
읽기 전에 알아두기

갑각류 스스로 체온을 유지하지 못하면서 등뼈가 없고 껍데기가 딱딱한 동물. 게, 바닷가재, 공벌레는 모두 갑각류다.

광합성 식물이 태양 에너지를 이용해 이산화 탄소와 물을 영양분으로 바꾸는 과정. 이때 산소가 발생한다.

군집 한 장소에서 어우러져 살고 있는 동식물 집단.

담수 강이나 호수의 물처럼 소금기가 없는 물.

맹그로브 숲 열대 지방의 해안에 자라는 숲. 이곳의 나무들은 바다의 짠물을 이겨낼 수 있다.

먹이 사슬 여러 생물의 잡아먹고 잡아먹히는 관계.

미생물 현미경으로나 볼 수 있는 매우 작은 생물들을 통틀어 이르는 말. 박테리아(세균)와 곰팡이는 미생물이다.

반향정위(음파 탐지) 물체를 향해 음파를 쏜 뒤 물체에 부딪혀 돌아오는 메아리가 도착할 때까지 시간을 재어 물체의 위치를 알아내는 방법.

수관층 높은 가지와 빽빽한 나뭇잎으로 가득 찬 열대 우림 나무들의 상부층.

종 특징이 비슷하고, 서로 짝짓기를 하여 자손을 낳을 수 있는 동식물의 무리.

파충류 등뼈가 있고 비늘이 나거나 피부가 거칠거칠하며 스스로 체온을 유지할 수 없으며 알을 낳는 동물. 뱀, 악어, 도마뱀은 모두 파충류다.

포식자 다른 동물을 먹이로 잡아먹는 동물.

포유동물 등뼈를 갖고 있고 새끼에게 젖을 먹여 키우며, 스스로 체온을 유지하는 동물.

한눈에 보는 지식
10 먹이 그물

열대 우림의 식물, 동물, 그리고 버섯과 곰팡이 같은 균류는 서로 복잡한 생명의 그물로 이어져 있습니다. 열대 우림 곳곳에서 나타나는 먹이 사슬 수천 개는 서로 얽혀 더 복잡한 먹이 그물을 이루고 있습니다.

먹이사슬에서 식물은 광합성을 통해 직접 양분을 만들기 때문에 생산자라고 합니다. 꽃, 과일, 잎, 수액과 같은 식물의 여러 부분은 식물을 먹는 초식 동물의 먹이입니다. 초식 동물들을 1차 소비자라고 합니다.

초식 동물을 잡아먹는 육식 동물을 2차 소비자라고 합니다. 육식 동물도 초식 동물처럼 지네 같은 작은 벌레부터 호랑이 같은 거대한 포식자까지 크고 작은 동물이 있습니다. 침팬지처럼 식물과 동물을 모두 먹는 동물은 잡식 동물이라고 합니다. 열대 우림에 사는 사람도 잡식 동물에 속합니다.

분해자는 먹이 그물에서 아주 중요한 역할을 맡은 생물입니다. 식물과 동물이 죽으면 딱정벌레, 균류, 미생물과 같은 분해자가 그 시체를 낱낱이 분해합니다. 남은 부분은 썩어 흙으로 돌아가고, 이 영양분이 다시 식물을 키웁니다. 이로써 숲의 생명 순환이 이루어집니다.

한줄요약
열대 우림에 사는 생물들은 거대한 먹이 그물을 이루고 있습니다.

먹이 그물 그리기
다음 동식물들은 모두 아마존 열대 우림에 살고 있습니다. 누가 누구를 먹는지 알겠나요? 화살표로 다음 동식물들의 먹이 그물을 그려 보세요. 화살표의 끝은 항상 잡아먹는 생물 쪽으로 향해야 합니다.

재규어   개미핥기   원숭이
    군대개미   애벌레
        나뭇잎   과일

정답은 95쪽에 있습니다.

다음 그림은 아프리카 열대 우림의 먹이 그물 중 한 부분이다.

생산자
식물은 광합성과 땅속의 영양소를 이용해 스스로 양분을 만든다.

1차 소비자
오카피와 같은 초식 동물은 식물을 먹는다.

분해자
균류와 딱정벌레는 죽은 동식물을 먹어서 분해시킨다. 남은 부분은 썩어서 흙으로 돌아간다.

2차 소비자
육식 동물인 표범은 오카피를 잡아먹는다.

한눈에 보는 지식
11 밤의 열대 우림

열대 우림의 동물은 낮에 활동하는 주행성 동물과 밤에 움직이는 야행성 동물, 두 가지로 나뉩니다. 밤에 활동하면 먹이를 찾기 위한 경쟁이 줄어들고, 낮에 활동하는 포식자도 없습니다.

야행성 동물은 밤에 먹이를 찾을 수 있는 감각이 발달했습니다. 동남아시아에 사는 영장류인 안경원숭이는 빛이 어슴푸레한 곳에서도 커다란 눈으로 주변을 볼 수 있습니다. 안경원숭이의 눈알은 크기와 무게가 자신의 뇌만 하답니다!

호랑이와 같은 대형 고양잇과 동물은 시각이 뛰어나 어둑어둑한 곳에서 잘 볼 수 있는 데다, 대단히 뛰어난 후각과 청각까지 갖췄습니다. 온몸이 비늘로 덮인 포유동물인 천산갑은 완전히 캄캄한 곳에서 수백 m 떨어진 흰개미 둥지의 냄새를 맡을 수 있습니다. 나방은 깃털처럼 생긴 더듬이로 꿀이 많은 꽃과 다른 나방들을 찾아냅니다. 수컷 나방은 11km나 떨어진 암컷을 발견할 수 있습니다.

박쥐는 사냥을 할 때 딸각거리는 소리를 냅니다. 그러면 그 소리가 날아다니는 곤충에 부딪혀서 메아리가 되어 되돌아옵니다. 박쥐는 그 메아리가 돌아올 때까지 걸린 시간을 재서 사냥감이 얼마나 멀리 떨어져 있는지 알아낼 수 있답니다. 이 방법을 반향정위(음파 탐지)라고 합니다.

후각 능력 알아보기
여러분도 야행성 동물인 호랑이처럼 냄새 자취를 쫓을 수 있을까요? 자신의 후각이 얼마나 발달했는지 알아봅시다.

준비물 양파 반 개, 실 한 꾸러미, 눈가리개, 도와줄 친구

실험 방법
① 운동장에서 각각 1.5~3m씩 떨어진 곳에 있는 다섯 가지 물체(바위, 화분, 나무줄기 등)에 양파를 문질러 양파 냄새를 남기세요.
② 물체 사이를 오가는 경로를 실로 표시한 다음, 친구의 눈을 가리고 친구가 실을 따라갈 수 있도록 안내하세요.
③ 친구가 양파 냄새 나는 다섯 개의 물체를 찾을 수 있는지 알아봅시다.

한줄요약 밤에 활동하는 열대 우림 동물들은 특별한 감각이 발달했습니다.

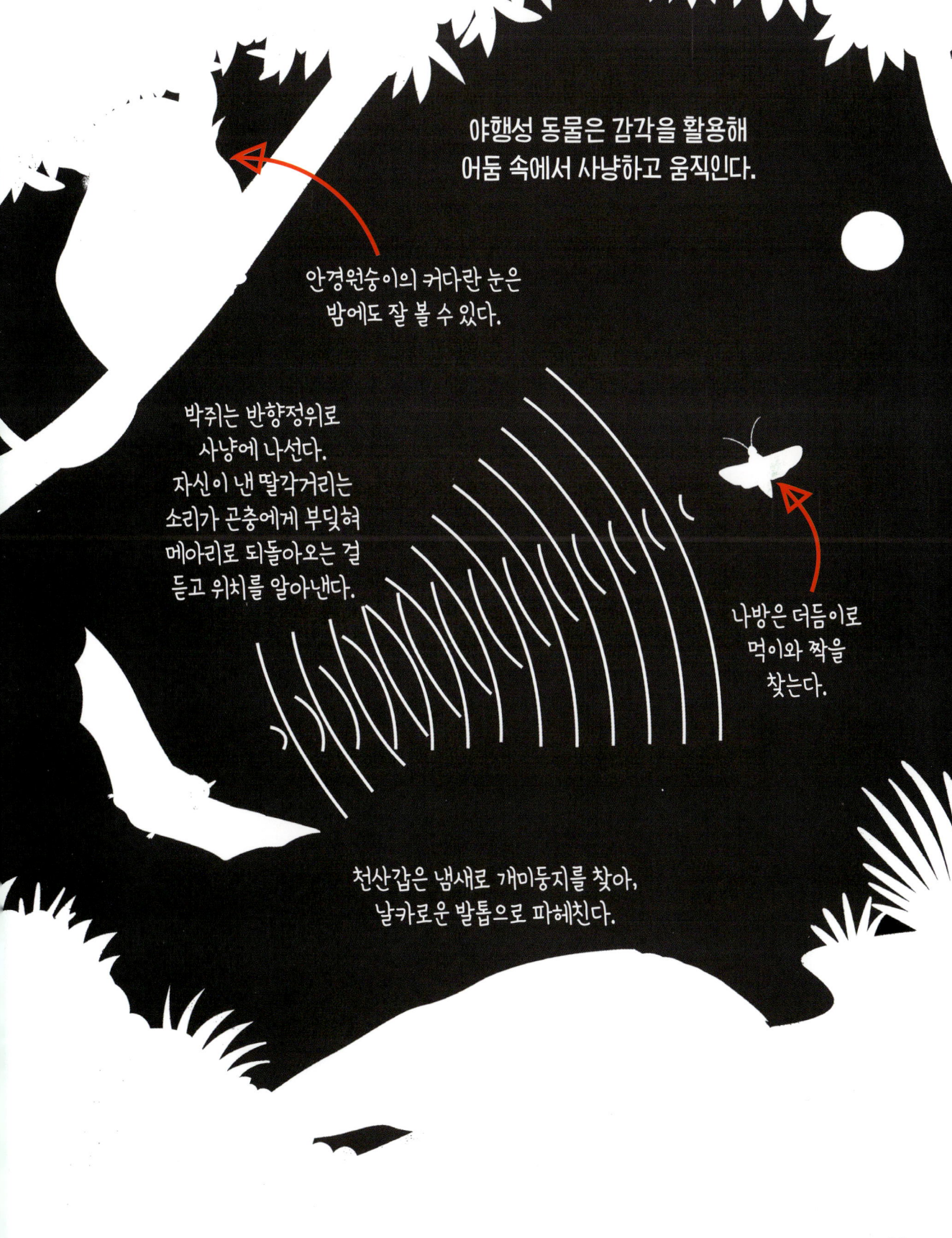

한눈에 보는 지식
12 나무 타기와 활공의 달인

열대 우림에 사는 대부분의 야생동물은 높은 수관층에서 삽니다. 새, 박쥐, 곤충처럼 날 수 있는 동물 말고도 파충류, 거미, 개구리, 심지어 포유동물도 수관층에 살지요. 날지 못하는 동물들은 어떻게 나무 위에서 살아갈까요?

나무 위에 사는 도마뱀, 뱀, 유인원 및 원숭이는 모두 나무 타기의 달인입니다. 도마뱀붙이는 넓고 오돌토돌한 발이 나무껍질에 달라붙습니다. 남아메리카와 중앙아메리카에 사는 고함원숭이와 거미원숭이는 꼬리를 손처럼 씁니다. 자유재로 꼬리를 구부리며 나뭇가지를 휘감고 다닙니다. 아프리카와 아시아의 숲에 사는 고릴라나 오랑우탄과 같은 유인원은 기다란 양 팔로 번갈아 가며 나뭇가지를 잡고 시속 50km의 속도로 나무 사이를 옮겨 다닙니다.

동남아시아의 밀림에는 '날아다니는' 뱀, 도마뱀, 개구리가 있습니다. 이들은 글라이더가 날듯이 공중에 몸을 띄워 활공합니다. 이들의 몸 옆면이나 발 사이에는 느슨한 피부막이 있습니다. 이 막이 날개이자 낙하산 역할을 합니다.

한줄요약
수관층에 사는 동물은 나무 타기를 잘하거나 활공을 합니다.

날아가는 도마뱀 다트
준비물 종이 한 장, 가위, 클립, 펜
실험 방법
① 긴 쪽의 모서리가 서로 맞닿도록 종이를 반으로 접으세요.
② 처음에 접은 곳에서 약 3cm 떨어진 곳을 반대 방향으로 접으세요. 처음에 접은 곳을 기준으로 반대쪽도 마찬가지로 접어서 종이 다트를 만드세요.
③ 종이 다트의 양쪽 날개를 오려 날아가는 도마뱀을 만드세요. 앞부분에 도마뱀 얼굴을 그려 넣고, 앞쪽 끝에 클립을 꽂아 그 부분을 묵직하게 만드세요.
→ 이제 날아가는 도마뱀 다트를 날릴 준비가 끝났어요! 얼마나 멀리까지 날릴 수 있나요?

열대 우림의 동물들은 나무 사이를 돌아다니기 위해 기발한 방법을 개발했다.

날도마뱀은 몸 양옆의 피부막을 펼쳐 땅으로 떨어질 때의 충격을 막고 30m나 활공할 수 있다.

날나무뱀의 배에 있는 거칠거칠한 비늘은 나무를 잘 타고 오를 수 있도록 도와준다.

공중으로 날아오를 때는 몸을 최대한 납작하게 만들어 표면적을 늘리고 구불텅구불텅 물결치듯 움직인다.

발은 강모라고 하는 아주 미세한 털들로 덮여 있다.

도마뱀붙이의 발바닥은 나무껍질에 잘 달라붙는다.

한눈에 보는 지식
13 위험한 동물들

열대 우림에는 크고 작은 위험한 종들이 많이 살고 있습니다. 곤충, 개구리, 거미처럼 작은 생물 중에도 다른 동물의 목숨을 빼앗을 정도로 위험한 침이나 독을 가지고 있는 종이 있습니다.

대형 고양잇과 동물은 열대 우림의 최고 포식자입니다. 호랑이는 아시아의 밀림에 살고, 재규어는 남아메리카와 중앙아메리카에 삽니다. 이 동물들은 사슴과 같은 먹잇감이 가까이 올 때까지 몸을 숨긴 채 기다립니다. 몸에 난 줄무늬나 점박이 무늬는 덤불이나 그림자와 어우러져 감쪽같이 몸을 숨길 수 있습니다. 그러다 먹잇감이 가까이 오면 먹잇감을 덮치고 목덜미나 숨통을 물어 죽입니다.

아마존의 검정카이만은 몸길이가 4m 넘게 자라는 악어입니다. 이 악어는 강기슭의 물속에 몸을 감추고 눈만 물 밖으로 내놓습니다. 사슴이 물을 마시러 오면, 검정카이만은 이빨이 즐비한 긴 턱으로 먹잇감을 낚아채고 죽을 때까지 물속으로 끌고 들어갑니다.

열대 우림에는 작지만 강한 독을 가진 동물들도 삽니다. 브라질방랑거미는 세계에서 가장 독성이 강한 거미 가운데 하나입니다. 황금독화살개구리의 독은 엄청나게 강합니다. 황금독화살개구리의 화려하고 또렷한 색은 포식자에게 당장 물러나라는 경고입니다.

한줄요약
열대 우림에는
몸집이 크고 강한 포식자와
몸집이 작고 독을 지닌
생물들이 살고 있습니다.

독뱀
열대 우림에는 세상에서 가장 독성이 강한 뱀들이 살고 있습니다. 큰삼각머리독사는 아마존에서 가장 무서운 뱀입니다. 이 독뱀은 번개처럼 빠르게 공격할 수 있습니다.
동남아시아의 킹코브라는 몸을 곧추세우고 목 주변의 피부를 펼친 채 상대방에게 겁을 줍니다. 킹코브라는 한 번 물기만 해도 사람을 죽일 수도 있습니다.

열대 우림에는 몸집이 크고 작은 위험한 동물이 많이 살고 있다.

대형 고양잇과 동물은 먹이 사슬의 꼭대기에 있다.

카이만은 물고기, 거북, 새를 잡아먹는다. 하지만 사슴이나 카피바라와 같은 육상 동물도 공격한다.

열대 우림에서 가장 위험한 동물 중에는 작고 독이 있는 동물도 있다.

황금독화살개구리의 피부에는 사람 10여 명을 죽일 수 있는 독이 있다.

킹코브라는 한 번 무는 것만으로 사람을 죽일 수 있다.

세계에서 가장 독이 많은 거미는 브라질방랑거미다.

45

한눈에 보는 지식
14 위장의 명수

열대 우림의 많은 생물이 포식자에게 잡아먹히지 않으려고 다양한 방법으로 포식자를 속입니다. 어떤 동물은 주변 풍경과 비슷한 색과 무늬로 감쪽같이 몸을 숨깁니다. 아프리카에 사는 봉고의 줄무늬는 주변의 풀과 자연스럽게 섞이기 때문에 풀숲에 숨으면 눈에 잘 띄지 않습니다. 여치는 몸의 생김새와 색깔이 나뭇잎과 똑같습니다. 대벌레는 나뭇가지처럼 보입니다.

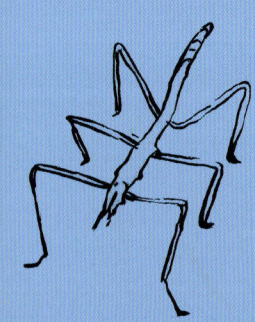

동남아시아에 사는 난초사마귀는 난초에 숨어서 먹잇감을 기다리는 포식자입니다. 난초사마귀의 색깔과 생김새는 그야말로 난초의 꽃과 똑같습니다. 난초사마귀는 꽃 위에 앉아 눈만 요리조리 움직이며 먹잇감을 기다립니다. 그러다가 먹잇감이 나타나면 쏜살같이 달려나가 앞다리로 잡아 산 채로 먹습니다.

포식자에게 잡아먹히지 않으려고 속임수를 쓰는 동물들도 있습니다. 독이 없는 뱀이나 개구리는 독이 있는 종의 밝고 선명한 몸의 색깔을 흉내 냅니다. 부엉이나비는 날개에 커다란 눈알 무늬가 있습니다. 포식자는 그 눈알 무늬를 보고서 아주 크고 무시무시한 생물과 마주하고 있다고 생각합니다. 포식자는 아주 잠깐 멈칫했겠지만 그 시간 안에 나비는 재빨리 도망갑니다.

한줄요약
열대 우림에는 위장술과 속임수를 써서 몸을 숨기는 동물들이 있습니다.

위장의 달인 찾기
준비물 돋보기

실험 방법
공원에 나가 나뭇잎이나 꽃을 유심히 살펴보며 곤충이나 벌레를 찾아보세요. 이 동물들은 주변 환경에 몸을 숨기기 위해 어떤 색이나 무늬를 갖고 있나요? 이 벌레들에게 딱 맞는 환경은 어떤 곳인지 알아보세요.

동물들은 먹잇감을 사냥하거나, 포식자에게 잡히지 않기 위해 위장술을 펼친다.

부엉이나비는 부엉이의 눈을 흉내 낸 눈알 무늬로 포식자를 겁주고 쫓아낸다.

뿔개구리는 숲바닥에 떨어진, 끝이 말려 올라간 낙엽과 닮았다.

아프리카 봉고의 줄무늬는 주변의 풀과 자연스럽게 섞인다.

난초사마귀는 마치 난초 꽃인 것처럼 난초에 몸을 숨긴 채 먹잇감을 기다린다.

한눈에 보는 지식
15 징그러운 벌레들

우리가 흔히 '징그러운 벌레'라고 부르는 동물들은 열대 우림의 모든 곳에서 살고 있습니다. 따뜻하고 축축한 곳을 좋아하는 이 변온 동물들은 따스한 햇빛이 없으면 움직일 수 없습니다.

징그러운 벌레 중에서는 곤충의 수가 가장 많습니다. 곤충은 다리가 여섯 개인 동물로, 동물계 전체의 75%를 차지합니다. 과학자들은 아마존에만 250만 종이 넘는 곤충이 살고 있다고 추정합니다. 세상에 알려진 곤충은 그중 아주 일부일 뿐입니다.

아마존 열대 우림에는 '타란튤라'라고 하는 세계에서 가장 큰 거미가 삽니다. 이 거대하고 털이 숭숭 돋아난 타란튤라는 곤충을 비롯해 개구리, 도마뱀, 쥐 등을 잡아먹습니다. 남아메리카에 사는 골리앗거미는 몸집이 큰 접시만 하고, 2cm나 되는 송곳니가 있습니다!

대부분의 곤충은 따로따로 활동합니다. 하지만 거미, 흰개미, 그리고 일부 말벌과 벌은 함께 모여 군집을 이루고 모두 함께 일을 합니다. 군대개미는 숲을 행진하면서 길을 가로막는 모든 생물을 잡아먹으며 주변을 공포에 떨게 만듭니다. 이들은 줄에 묶여서 움직일 수 없는 개와 염소를 잡아먹은 것으로 유명합니다.

한줄요약
수백만 종의 벌레들이 열대 우림에 살고 있습니다.

벌레 관찰
준비물 옅은 색 시트, 돋보기
실험 방법
① 옅은 색의 시트를 덤불이나 나뭇가지 아래에 펼쳐 놓으세요.
② 벌레들이 시트에 떨어질 때까지 잎과 줄기를 조심스레 흔드십시오. 시트에 떨어진 벌레들을 돋보기로 관찰해 봅시다.
⋯▸ 거미의 다리는 여덟 개, 곤충은 여섯 개입니다. 지네는 몸의 마디마다 한 쌍의 다리가 있지만, 노래기는 두 쌍씩 있습니다.

한눈에 보는 지식
16 물 속의 생물

열대 우림에서 비가 많이 내리는 우기에는 강물이 주변의 숲으로 흘러넘칩니다. 열대 우림의 강과 바닷가에는 그곳만의 작은 밀림이 펼쳐집니다.

남아메리카의 강에는 세계에서 가장 큰 민물고기인 피라루쿠가 살고 있습니다. 몸길이는 2.5m까지 자라며, 몸무게는 100kg까지 나가는 이 거대한 물고기는 작은 물고기와 갑각류를 먹습니다. 아마존강돌고래도 이 탁한 강에서 살고 있습니다. 이들은 눈이 잘 안 보이지만 박쥐처럼 반향정위로 먹잇감이 어디 있는지 찾습니다. 물속에서 가장 무시무시한 동물 가운데 하나는 피라냐입니다. 피라냐 떼는 엄청나게 날카로운 이빨로 동물 한 마리를 몇 분만에 다 먹어 치웁니다.

해안의 맹그로브 숲에는 짠 바닷물에서 살 수 있는 생물들이 모여 살고 있습니다. 말뚝망둑어는 땅 위에서도 숨을 쉴 수 있는 물고기입니다! 썰물 때는 몸을 이리저리 흔들어 갯벌 위를 뛰어다닙니다. 농게도 썰물 때 슬며시 나타납니다. 수컷 농게의 집게는 한쪽만 유독 큽니다. 이 집게를 흔들며 암컷을 유혹하거나 다른 수컷을 위협합니다.

한줄요약
열대 우림의 강과 맹그로브 숲에는 물고기와 갑각류가 많습니다.

물 위를 달리는 동물
바실리스크이구아나는 중앙아메리카와 남아메리카 열대 우림에서 강 근처에 살고 있습니다. 볏이 달린 바실리스크이구아나는 길고 튼튼한 뒷다리로 똑바로 서서 물 위를 '달릴 수' 있습니다! 바실리스크이구아나의 뒷발에 있는 발가락은 길고 넙데데한데, 이 발가락을 넓게 펴고, 꼬리로 균형을 잡으며 물속에 가라앉지 않도록 빠르게 움직이며 물 위를 달립니다.

열대 우림의 강과 바닷가에도
많은 생물이 살고 있다.

맹그로브 숲의 생물들은 썰물 때 모습을 드러낸다.

수컷 농게는 한쪽 집게발이 다른 집게발보다 훨씬 더 크다.

말뚝망둑어는 물 밖으로 나와도 숨을 쉴 수 있는데다 돌아다니기까지 한다.

바실리스크이구아나는 넓게 펴진 발가락으로 물 위를 '달릴 수' 있다.

아마존강의 물 위와 물속에는 여러 종의 생물들이 잔뜩 모여 살고 있다.

무시무시한 피라냐 떼는 살아 있는 동물도 먹어 치운다.

공기로 숨을 쉬는 리라루쿠는 숨을 쉬고 사냥을 하기 위해 수면 가까운 곳에 머문다.

세계의 우림

열대 우림은 적도에 걸쳐 있는 모든 대륙에 있습니다. 즉 남아메리카, 중앙아메리카, 아프리카, 아시아, 그리고 오스트레일리아에 열대 우림이 있지요.
열대 우림보다 서늘한 곳에 자리 잡은 온대 우림은 열대 지방의 북쪽과 남쪽에 있습니다. 이 장에서는 세계 여러 곳에 있는 열대 우림과 온대 우림을 돌아봅니다.

세계의 우림
읽기 전에 알아두기

꽃가루 매개자 식물 사이를 오가며 꽃가루를 옮겨 식물이 씨앗을 맺고 번식할 수 있도록 돕는 동물. 벌과 여러 곤충은 꽃가루 매개자다.

단공류 알을 낳는 포유동물. 오늘날에는 오리너구리 한 종과 가시두더지 네 종만이 남아 있다.

대륙 지구에 있는 일곱 개의 큰 땅덩어리. 일반적으로 아프리카, 아시아, 남아메리카, 북아메리카, 오세아니아, 유럽, 남극 대륙을 가리킨다.

맹그로브 숲 열대 지방의 해안에 자라는 숲. 이곳의 나무들은 바다의 짠물을 이겨낼 수 있다.

멸종 어떤 생물종이 모두 죽어 사라지는 것.

부족 서로 교류하고 같은 언어를 쓰며 같은 풍습과 신앙을 따르는 사람들의 무리. 부족 내의 사람들은 대부분 함께 어울려 산다.

열대 적도의 바로 위, 아래에 해당하는 지역. 1년 내내 기후가 덥고 습하다.

영장류 유인원, 원숭이, 인간이 속한 포유동물을 통틀어 이르는 말.

온대 너무 덥지도, 너무 춥지도 않은 기온이 온화한 장소.

운무림 산지에 있는 열대 우림.

유대류 새끼를 어미의 몸에 있는 주머니에 넣어 키우는 포유동물. 캥거루, 코알라, 왈라비, 주머니쥐는 모두 유대류다.

잡식 동물 동물과 식물을 모두 먹는 동물.

종 특징이 비슷하고, 서로 짝짓기를 하여 자손을 낳을 수 있는 동식물의 무리.

침엽수 잎이 바늘처럼 생겼고 솔방울과 같은 구과가 열리는 나무. 보통 1년 내내 잎이 초록색을 띤다.

포유동물 등뼈를 갖고 있으며, 새끼에게 젖을 먹여 키우는 체온이 일정한 동물.

피그미 아프리카와 동남아시아에 사는 키가 매우 작은 종족. 콩고의 밤부티 피그미족은 어른의 평균 키가 140cm 정도다.

피식자 다른 동물에게 사냥당하고 잡아먹히는 동물.

활엽수 잎이 넓고 평평한 나무. 활엽수는 가을에 나뭇잎을 떨어뜨리고 봄에 새잎을 틔운다.

한눈에 보는 지식
17 아마존 열대 우림

아마존은 세계에서 가장 큰 열대 우림입니다. 아마존 열대 우림의 넓이는 550만 km²로 우리나라보다 70배나 넓고 3,900억 그루가 넘는 나무가 자랍니다. 아마존 열대 우림은 아마존강 유역을 따라 펼쳐져 있습니다. 남아메리카 길이의 3분의 1을 차지하는 아마존강은 세계에서 가장 많은 양의 물이 흐릅니다.

아마존은 지구에서 가장 다양하고 많은 생물이 살고 있습니다. 학자들은 전 세계 식물과 조류의 5분의 1과 포유동물의 10분의 1이 아마존에 산다고 생각합니다. 말 그대로 수백만 종의 곤충과 셀 수 없이 많은 개구리, 물고기, 파충류 등도 함께 살아갑니다.

아마존에 사는 자이언트수달은 몸 길이가 1.8m까지 자라는 세계에서 가장 큰 수달입니다. 이 수달은 카피바라와 같은 공간에서 살고 있습니다. 카피바라는 몸 길이가 1m까지 자라는 세계에서 가장 큰 설치류입니다.

물 위에는 거대한 아마존빅토리아수련이 떠 있습니다. 아마존빅토리아수련은 큰가시연꽃이라고도 합니다. 수련의 잎은 지름이 3m까지 자라는데, 원숭이 한 마리가 올라가도 거뜬할 정도로 튼튼합니다.

세계에서 가장 거대한 뱀

아나콘다는 세계에서 가장 크고 몸무게가 무거운 뱀입니다. 이 뱀은 몸길이가 6m까지 자라고, 몸무게는 약 200kg까지 나갑니다. 아나콘다는 카피바라를 통째로 삼킬 수 있을 정도로 큽니다. 독은 없지만 아주 강한 힘으로 상대방을 감아서 죽일 수도 있습니다. 아나콘다는 물속에서 숨죽인 채 먹잇감을 기다리다가 먹잇감이 가까이 오면 둘둘 감아 아주 세게 조입니다. 아나콘다에게 잡힌 먹잇감은 숨이 막혀 죽거나 익사합니다.

한줄요약
아마존 열대 우림에는 엄청나게 다양한 생물이 살고 있습니다.

한눈에 보는 지식
18 중앙아메리카 열대 우림

북아메리카와 남아메리카를 잇는 좁은 땅에 열대 우림이 넓게 펼쳐져 있습니다. 울창한 숲은 북동쪽에 있는 카리브해까지 뻗어 있으며, 이 지역은 대부분 가파른 산으로 이루어져 있습니다. 1,000m가 넘는 산에는 운무림(산지에 있는 열대 우림)이 있고, 해안에는 맹그로브 숲이 자리합니다.

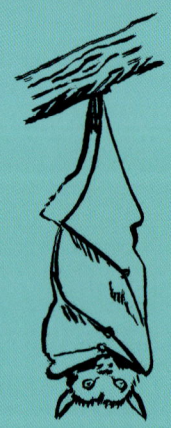

중앙아메리카 열대 우림은 새들의 서식지로 잘 알려져 있습니다. 마코앵무와 금강앵무 떼가 시끄럽게 떠들어대며 숲을 활개치고 다닙니다. 눈처럼 희고 우아한 미국흰따오기는 긴 다리로 물속을 걸어다닙니다.

케찰은 가장 긴 꽁지깃을 가진 새입니다. 수컷 케찰의 밝고 선명한 진녹색 꽁지깃은 60cm로, 몸길이의 두 배나 됩니다. 쿠바 섬에 사는 벌새는 몸길이가 5cm를 조금 넘는 세계에서 가장 작은 새로, 둥지에 조그마한 알을 낳습니다.

중앙아메리카의 숲에는 날개 달린 위험한 생물이 있습니다. 바로 동물의 피를 먹는 오싹한 흡혈박쥐입니다. 어두운 밤이면 흡혈박쥐는 먹잇감에게 살금살금 다가가 아주 날카로운 이빨로 피부를 찌른 뒤 혀로 피를 핥습니다. 박쥐의 침에 있는 특별한 물질이 피가 굳는 걸 막아 줍니다.

한줄요약
중앙아메리카 열대 우림은 새와 원숭이의 서식지로 잘 알려져 있습니다.

고함원숭이
새벽과 저녁 무렵, 중앙아메리카 열대 우림에는 크게 울부짖는 소리와 메아리가 울려 퍼집니다. 육상 동물 가운데 가장 큰 소리를 내는 고함원숭이의 소리입니다. 수컷 고함원숭이는 소리를 내는 기관인 후두가 엄청나게 큽니다. 귀청이 터질 것 같은 고함 소리는 5km 밖까지 들립니다.

한눈에 보는 지식
19 아프리카 열대 우림

아프리카에는 세계에서 두 번째로 큰 열대 우림이 있습니다. 적도 부근을 흐르는 콩고강 유역과 서부 해안에 자리잡은 울창한 열대 우림의 바닥은 매우 질척거리고, 열대 우림 안에는 호수와 습지가 가득합니다.

아프리카의 숲은 유인원과 원숭이가 많기로 유명합니다. 사람과 가장 가까운 침팬지는 영리해서 도구를 사용할 줄 압니다. 나뭇가지를 흰개미의 둥지에 찔러 넣어 흰개미들을 쏙쏙 빼 먹습니다. 침팬지는 과일과 잎을 주로 먹고 살지만, 사슴이나 다른 원숭이들을 사냥하기도 합니다.

수줍음이 많은 오카피도 아프리카 열대 우림 어딘가에 숨어 살고 있습니다. 오카피는 기린의 친척으로 발굽이 하나인데, 다리와 엉덩이에 줄무늬가 있습니다. 이 줄무늬 덕분에 풀 사이에 서 있으면 눈에 잘 띄지 않습니다. 무시무시한 가분살모사의 색과 무늬는 숲바닥에 있는 낙엽처럼 보입니다. 이 살모사의 독은 어른 10명을 죽일 수 있을 정도로 강합니다. 그러니 아프리카 열대 우림에서는 발밑을 조심하십시오!

아프리카 대륙 동쪽에는 세계에서 네 번째로 큰 마다가스카르섬이 있습니다. 이곳의 열대 우림에는 다른 곳에서 볼 수 없는 특이한 동물이 가득합니다. 영장류에 속하는 여우원숭이는 몸길이가 20cm 조금 넘는 난쟁이여우원숭이부터 60cm가 넘는 인드리까지 100종류가 넘는답니다.

한줄요약
아프리카 콩고 분지의 열대 우림은 유인원과 원숭이가 많기로 유명합니다.

고릴라 퀴즈
고릴라는 아프리카 중부 운무림에 살고 있습니다. 이 거대한 영장류에 대해 얼마나 많이 알고 있나요?
① 고릴라는 홀로 살아갑니다. (O , ×)
② 고릴라는 잡식 동물입니다. (O , ×)
③ 다 자란 수컷 고릴라의 몸무게는 사람 3명과 맞먹습니다. (O , ×)

정답은 95쪽에 있습니다.

한눈에 보는 지식
20 아시아 열대 우림

열대 우림의 빽빽한 숲을 영어로 '정글'이라고 합니다. 정글은 원래 '헤쳐나가기 어려운 숲'이라는 뜻의 인도어에서 나온 말입니다. 인도에는 지금도 작은 열대 우림들이 남아 있지만, 아시아의 열대 우림은 대부분 동남아시아의 말레이시아부터 보르네오섬까지 걸쳐 있습니다.

동남아시아 숲은 키가 무려 80m까지 자라는 딥테로카르푸스 나무의 서식지로 유명합니다. 이 숲에는 세계에서 가장 큰 꽃인 라플레시아도 있습니다. 꽃의 지름이 1m가 넘습니다. 라플레시아는 특이하게도 아주 고약한 악취를 내뿜어 꽃가루를 옮겨 줄 곤충을 불러 모읍니다.

털이 무성한 유인원인 오랑우탄은 보르네오섬과 수마트라섬에 살고 있습니다. 불행하게도 오랑우탄은 멸종 위기에 처해 있습니다. 그중 수마트라오랑우탄은 겨우 1만 5,000마리도 남아 있지 않습니다.

인도호랑이는 인도에서 방글라데시까지 걸쳐 펼쳐져 있는 순다르반이라는 맹그로브 숲에 살고 있습니다. 순다르반은 세계에서 가장 큰 맹그로브 숲으로, 넓이가 1만 km^2가 넘습니다. 인도호랑이는 이곳에 있는 섬 사이를 헤엄쳐 다니며 사슴과 멧돼지를 잡아먹습니다.

한줄요약
아시아 열대 우림에는 여러 희귀 동물이 살고 있으며, 엄청나게 큰 나무도 자랍니다.

새로 발견된 포유동물
1992년, 뿔이 달렸고 영양을 닮은 동물인 사올라가 베트남에서 발견됐습니다. 사올라는 1937년 이후 처음으로 발견된 대형 포유동물입니다. 만약 지금까지 과학자들이 찾지 못한 대형 포유동물이 지구 어딘가에 숨어 지낸다면, 아마도 사올라가 발견된 곳처럼 외딴 숲에 살고 있을 것입니다. 하지만 안타깝게도 사올라는 발견됐을 때부터 멸종될 위기에 처해 있습니다.

한눈에 보는 지식
21 오스트레일리아 열대 우림

오스트레일리아 대륙과 그 북쪽에 있는 뉴기니섬은 수백만 년 동안 세계의 다른 지역과 완전히 떨어져 있었습니다. 이 때문에 다른 곳에서는 볼 수 없는 아주 특이한 생물들이 많이 살고 있습니다.

나무타기캥거루는 뉴기니섬과 오스트레일리아 북동부에서 삽니다. 이 캥거루는 앞으로 굽은 튼튼한 발톱과 긴 꼬리 덕분에 나무 꼭대기에서도 균형을 잡을 수 있습니다. 하지만 다른 캥거루처럼 땅에서 뛰어다니진 못합니다. 나무타기캥거루도 다른 캥거루처럼 몸에 주머니가 달린 포유동물인 유대류입니다. 어미는 충분히 자라지 않은 상태로 태어난 새끼들을 자신의 주머니에 넣고 어느 정도 자랄 때까지 키운답니다.

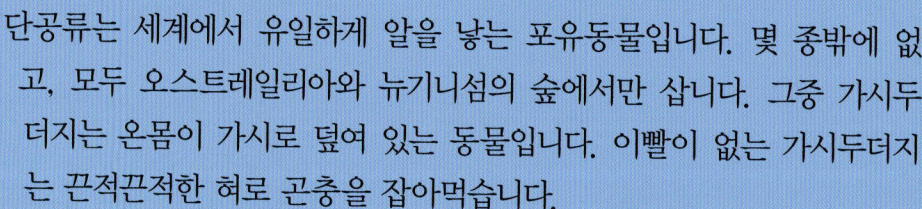

단공류는 세계에서 유일하게 알을 낳는 포유동물입니다. 몇 종밖에 없고, 모두 오스트레일리아와 뉴기니섬의 숲에서만 삽니다. 그중 가시두더지는 온몸이 가시로 덮여 있는 동물입니다. 이빨이 없는 가시두더지는 끈적끈적한 혀로 곤충을 잡아먹습니다.

온몸이 털로 덮인 오리너구리는 갈퀴가 달린 발, 비버와 같은 꼬리, 오리와 똑같은 부리를 갖고 있습니다. 오리너구리는 개울가에 살면서 새우나 지렁이를 잡아먹습니다.

뉴기니섬에는 신기한 새들도 아주 많습니다. 수컷 극락조는 암컷에게 잘 보이려고 무지개색으로 빛나는 화려한 깃털을 뽐냅니다.

한줄요약
오스트레일리아 열대 우림에는 다른 곳에서 볼 수 없는 신기한 동물들이 많습니다.

정자 건축가
오스트레일리아와 뉴기니에 사는 수컷 바우어새는 암컷에게 잘 보이려고 정자를 짓고 아름답게 꾸미는 것으로 유명합니다. 정자를 영어로 바우어라고 합니다. 정자는 나뭇가지와 풀을 엮어 약 1m 높이로 만들고 주워 모은 깃털, 열매, 병뚜껑 등으로 아름답게 장식합니다. 암컷 바우어새는 가장 마음에 드는 집을 지은 수컷을 짝짓기 상대로 고른답니다.

한눈에 보는 지식
22 온대 우림

온대 우림은 열대 지방의 북쪽과 남쪽에 있는 날씨가 온화한 지역에 있습니다. 가장 큰 온대 우림은 캐나다부터 캘리포니아까지 이어지는 북아메리카 서부의 태평양 바닷가를 따라 자리하고 있습니다. 남아메리카 남부의 칠레, 그리고 뉴질랜드, 오스트레일리아 남동쪽에 있는 태즈메이니아섬에도 온대 우림이 있습니다.

온대 우림은 한때 거의 모든 대륙에 있었습니다. 숲의 면적도 지금의 온대 우림보다 두 배 정도 넓었습니다. 하지만 사람들이 목재로 쓰기 위해 나무를 베고, 숲을 갈아엎고 논밭을 만들면서 많은 숲이 사라졌습니다.

온대 우림은 열대 우림과는 생김새와 느낌이 매우 다릅니다. 온대 우림은 우선 기온이 열대 우림보다 훨씬 서늘합니다. 날씨도 1년 내내 같지 않고 계절마다 다릅니다. 열대 우림에는 잎이 넓은 활엽수가 주로 자라지만 온대 우림에는 잎이 뾰족뾰족한 침엽수가 많습니다. 하지만 공통점도 있습니다. 두 곳 모두 비가 많이 내린다는 것입니다!

온대 우림도 동식물이 매우 많습니다. 북아메리카의 온대 우림에는 곰, 사슴, 다람쥐가 살고 있습니다. 태즈메이니아섬에는 태즈메이니아데빌을 비롯한 특이한 유대류가 살고 있습니다. 뉴질랜드의 숲에는 높은 곳까지 곧게 자라는 카우리소나무와 날지 못하는 희귀한 새인 키위가 살고 있습니다.

한줄요약
온대 우림은 열대 우림보다 서늘하지만 비는 아주 많이 내립니다.

세계에서 가장 키가 큰 나무
온대 우림에는 키가 아주 큰 나무들이 자랍니다. 특히 미국 캘리포니아 레드우드 국립 공원에서 자라는 '히페리온'이라는 미국삼나무는 세계에서 가장 키가 큰 나무로 유명합니다. 키가 무려 115m입니다. 자유의 여신상보다도 20m 더 크답니다.

인간과 열대 우림

열대 우림에 사는 원주민들은 수천 년 동안 그곳에서 삶을 이어왔습니다. 약 500년 전부터 새로운 사람들이 열대 우림에 들어와 변화를 일으키며, 터를 잡고 살고 있습니다. 그 결과, 열대 우림은 굉장히 많이 바뀌었고, 지금도 바뀌고 있습니다.

인간과 열대 우림
읽기 전에 알아두기

공용 공동체에 속한 모두가 공유하는 것.

박물학자 자연에서 살아가는 동식물을 연구하는 사람들.

부족 서로 교류하고 같은 언어를 쓰며 같은 풍습과 신앙을 따르는 사람들의 무리. 부족 내의 사람들은 대부분 함께 어울려 산다.

선사 시대 문헌이나 역사 기록이 남지 않은 과거.

수렵 채집 사냥과 낚시를 하고 자연에 나는 동식물을 채집해 먹을 것을 구하는 것.

진화 살아 있는 생물종이 주변 환경에 더 잘 적응하기 위해 세대를 거듭해 가며 서서히 변하는 과정.

통나무배 통나무 속을 파서 만드는 단순한 배.

플랜테이션 열대 또는 아열대 지방에서, 현지인의 값싼 노동력을 이용하여, 쌀·고무·솜·담배 따위의 특정 농산물을 대량으로 생산하는 농업 경영 형태.

피식자 다른 동물에게 사냥당하고 잡아먹히는 동물.

한눈에 보는 지식
23 열대 우림의 원주민

독사, 징그러운 벌레들, 세찬 폭우, 숨 막히는 더위……. 그럼에도 열대 우림에는 수백만 명의 사람들이 살고 있습니다. 원주민들은 수세기 동안 그곳에서 자신들만의 삶을 꾸려 왔습니다.

전 세계의 열대 우림에는 적어도 1,000여 개의 부족이 있습니다. 그중 아마존의 야노마미족, 콩고의 음부티족, 뉴기니의 훌리족 등도 있습니다. 전문가들은 적어도 50개 이상의 부족은 한 번도 바깥세상 사람과 만난 적이 없을 거라고 합니다.

열대 우림에 사는 부족은 살아가는 방식이 모두 다릅니다. 하지만 공통점도 있습니다. 음식, 옷, 집, 도구, 무기처럼 생활하는 데 필요한 모든 것을 숲에서 구한다는 것입니다.

열대 우림 사람들은 대부분 강가에 모여 살고 있습니다. 강 옆에 살아야 이동이 쉽기 때문입니다. 집의 모습은 굉장히 다양합니다. 어떤 부족은 한 집에 한 가족씩 삽니다. 어떤 부족은 모든 사람이 아주 커다란 집에서 함께 지냅니다. 어떤 부족은 평생 살 집을 짓습니다. 어떤 부족은 자주 이사하면서 집째로 들고 다니기도 합니다. 벽을 세울 목재, 지붕을 올릴 야자나무의 잎, 그리고 모든 재료를 묶을 밧줄까지 집을 지을 재료도 숲에서 얻습니다.

한줄요약
수백만 명의 사람들이 전 세계의 열대 우림에서 살고 있습니다.

사라진 문명
16세기 에스파냐의 탐험가였던 프란시스코 데 오레야나는 아마존 유역을 탐험하면서 선진 문명에 관한 이야기를 남겼습니다. 하지만 지금은 아무런 흔적도 남아 있지 않습니다. 학자들은 유럽인들이 퍼뜨린 감염병 때문에 아마존의 선진 문명이 사라진 거라고 추측합니다.

한눈에 보는 지식
24 먹을거리 찾기

열대 우림에은 먹을거리로 가득합니다. 하지만 먹을거리를 구하기는 쉽지 않습니다. 원주민들은 먹을거리를 어디서 어떻게 찾아야 하는지 알고 있습니다.

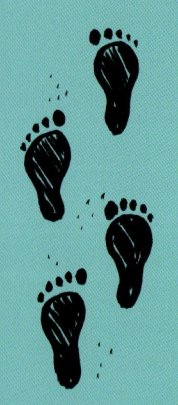

열대 우림의 부족들은 수백 종류의 식물을 쓰임새에 따라 구별해서 씁니다. 어떤 식물은 음식 재료나 음식에 맛을 더해 주는 향신료로 씁니다. 약, 염료, 비누, 방충제 등으로 쓰는 식물도 있습니다. 또한 식물의 섬유를 뽑아내 옷을 짓고 밧줄을 엮고 바구니를 만들기도 합니다.

열대 우림에는 고기도 풍부합니다. 하지만 원주민들이 고기를 얻으려면 사냥 기술이 뛰어나야 합니다. 숲을 소리 없이 돌아다니거나 나무 사이를 뛰어다니는 동물의 흔적을 찾아내서 사냥하기는 쉽지 않습니다. 원주민 사냥꾼들은 발자국, 똥, 심지어 나뭇가지가 바스락대는 소리만으로도 어떤 동물인지 알아낼 수 있습니다. 이들은 활을 쏘아서 돼지, 사슴, 원숭이와 같이 재빠르게 움직이는 먹잇감을 쓰러뜨립니다.

어떤 부족 사람들은 사냥과 더불어 견과류, 뿌리, 꿀처럼 야생에서 구할 수 있는 음식물을 채집합니다. 또 다른 부족 사람들은 농사를 짓습니다. 이들은 나무를 베어 내고 땅을 고른 뒤 옥수수나 참마와 같은 작물을 심습니다. 하지만 몇 년이 지나면 땅은 메말라집니다. 농사꾼들은 새로운 곳으로 가서 다시 밭을 만듭니다. 버려진 밭은 다시 숲이 됩니다.

한줄요약
열대 우림의 원주민들은 수렵과 채집을 하거나 농사를 지으며 삽니다.

동물 흔적 추적하기
열대 우림의 원주민들은 동물을 추적하는 기술이 매우 뛰어납니다. 여러분도 숲이나 공원에서 동물의 흔적을 추적해 보세요.

준비물 돋보기

실험 방법
① 동물이 남긴 흔적의 사진을 찍거나 그림을 그려 보세요.
② 인터넷으로 어떤 동물의 흔적인지 확인하세요.
⋯ 깃털, 털 뭉치가 있으면 더 많은 증거를 찾을 수 있습니다.

한눈에 보는 지식
25 탐험가

열대 우림에 첫발을 내디딘 유럽의 탐험가들은 그곳에 살던 원주민들의 전통적인 생활 방식을 완전히 바꾸었습니다.

16세기에 새로운 땅과 보물을 찾아다니던 유럽 탐험가들이 열대 우림에 도착했습니다. 그 뒤 영국, 네덜란드, 포르투갈, 에스파냐 등은 원주민들이 살던 숲을 자기네 땅이라고 주장했습니다. 열대 우림에 항구, 광산, 농장이 들어섰고 목재, 작물, 광물은 배에 실려 유럽으로 보내졌습니다. 수만 명이 넘는 아마존의 원주민들은 독감을 비롯한 유럽에서 건너온 감염병에 걸려 죽었습니다.

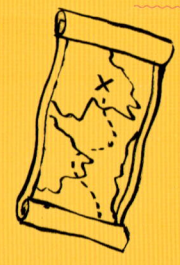

19세기에는 과학자들이 열대 우림을 탐험하기 시작했습니다. 박물학자 알렉산더 폰 훔볼트와 에메 봉플랑은 아마존의 놀라운 동식물을 기록했습니다. 찰스 다윈과 앨프리드 월리스는 열대 우림의 생물들을 연구한 후, 진화론을 세상에 내놓았습니다.

19세기 중반에는 스코틀랜드의 선교사인 데이비드 리빙스턴이 아프리카의 강과 호수를 탐험했습니다. 세 번째 탐험을 떠났다가 사라진 리빙스턴을 찾기 위해 미국의 기자인 헨리 스탠리가 아프리카를 탐험했습니다. 두 사람은 1871년에 아프리카 동부의 탕가니카호에서 만났습니다. 스탠리도 탐험을 계속해서 콩고강에 관한 기록을 남겼습니다.

야영 체험하기

밀림을 탐험하려면 숲 속에서 텐트를 치고 밤을 지내며 야영을 해야 합니다. 여러분이 탐험가라고 상상하고 야영지를 만들어 봅시다. 참, 밤이 되기 전에 야영지를 만들어야 합니다.

준비물 텐트, 매트, 침낭

실험 방법

① 가능하다면 바닥에서 떨어진 곳에 텐트를 치세요. 밀림에서는 징그러운 벌레를 피해야 합니다.
② 텐트 안에 매트를 깔고 침낭을 올려 두십시오.
③ 불을 끄고, 밀림에 왔다고 상상해 보세요.

⋯ 텐트가 없으면 의자를 모으고 위에 이불을 씌워 텐트를 만들 수도 있습니다.

한줄 요약

유럽 탐험가들은 1,500년대부터 열대 우림을 탐험하기 시작했습니다.

서양의 탐험가들은 500년에 걸쳐
열대 우림을 탐험했다.

1500년대
첫 유럽 탐험가들이 신대륙에 도착해 땅과 보물을 찾아다녔다. 에르난 코르테스는 멕시코를 정복했다.

1800년대 초반
과학자들의 탐사가 시작됐다. 알렉산더 폰 훔볼트는 아마존 열대 우림을 연구했다.

1850년대
앨프리드 월리스는 동남아시아 열대 우림을 탐험했다.

1871년
데이비드 리빙스턴이 아프리카를 탐험하다가 실종됐다. 미국 기자 헨리 스탠리가 그를 찾아냈다.

2009년
파푸아뉴기니를 탐사하던 탐험가들이 거대한 초식성 쥐를 포함해 40종의 새로운 생물을 발견했다.

한눈에 보는 지식
26 열대 우림의 보물

열대 우림은 우리와 아주 먼 곳에 있습니다. 하지만 우리는 열대 우림에서 온 것들을 일상생활에서 많이 쓰고 있습니다. 바나나, 초콜릿, 설탕, 고무, 콜라, 껌은 모두 열대 우림에서 나온 재료로 만듭니다.

망고, 파인애플, 아보카도 같은 과일은 열대 우림에서 재배합니다. 땅콩과 브라질너트 같은 견과류와 생강, 육두구, 시나몬 같은 향신료도 마찬가지입니다. 이것들은 원래 야생 식물이었지만, 지금은 열대 지방을 따라 펼쳐진 플랜테이션 농장에서 재배되고 있습니다.

2,000년 전, 아즈텍 사람들은 아마존에서 자라는 카카오나무의 씨앗으로 뜨겁고 향기로운 초콜릿 음료를 만들어 마셨습니다. 지금은 누구나 좋아하는 초콜릿을 만들기 위해 열대 지방 곳곳에서 카카오나무를 키우고 있습니다.

오늘날 쓰이는 의약품들 중 4분의 1은 열대 우림에서 나온 재료로 만듭니다. 쿠라레는 아마존의 사냥꾼들이 화살 끝에 바르던 식물의 독입니다. 지금은 쿠라레로 근육 이완제를 만들고, 수술하는 환자를 마취시킬 때 씁니다. 기나나무에서 뽑은 퀴닌은 오랫동안 말라리아 치료제였습니다. 그 밖에도 많은 식물이 암, 당뇨병, 심장병 치료에 쓰이고 있습니다.

한줄요약
과일, 견과류, 향신료, 설탕, 초콜릿은 모두 열대 우림에서 나옵니다.

마트에서 만나는 열대 우림
우리가 마트에서 사는 식품 중에는 열대 우림 농장에서 재배한 것들도 있습니다. 가족들과 함께 시장이나 마트를 갈 때, 식품에 붙은 식품 성분표를 읽어 보세요. 이 식품이 만들어진 '원산지'를 알 수 있습니다. 집에 와서 식품의 원산지를 지도에서 찾아보세요. 여러분이 산 식품 가운데 열대 우림에서 온 것들은 무엇인지 알아보세요.

망고와 같은 열대 과일은 열대 우림에서 재배된다.

열대 우림은 우리에게 식품과 의약품을 포함해 다양한 제품을 제공한다.

풍선은 고무나무에서 채취한 라텍스로 만든다.

우리가 쓰는 의약품의 4분의 1 정도는 열대 우림에서 나온 재료로 만든다.

콜라

초콜릿

아보카도

브라질너트

망고

바나나

카카오나무의 씨앗으로 초콜릿을 만든다.

열대 우림의 미래

열대 우림은 그곳에 사는 수많은 동식물뿐만 아니라 열대 우림에 사는 사람들과 지구를 위해서도 매우 중요합니다. 슬프게도 이 보물 같은 숲은 빠른 속도로 사라지고 있습니다.

이 장에서는 열대 우림이 우리에게 주는 혜택과 함께 이 숲들이 사라지는 이유를 알아보겠습니다. 또 열대 우림을 살리기 위해 사람들이 무슨 일을 하고 있는지 살펴봅니다.

열대 우림의 미래
읽기 전에 알아두기

견목재 활엽수로 만든 단단한 목재. 마호가니와 같은 열대 우림의 견목재로는 가구, 마루, 장식품을 비롯해 많은 나무 제품을 만든다.

광합성 식물이 태양 에너지를 이용해 이산화 탄소와 물을 양분으로 바꾸는 과정. 이때 산소도 함께 나온다.

기후 일정한 지역에서 여러 해에 걸쳐 나타난 기온, 비, 눈, 바람 따위의 평균 상태.

대기 지구를 덮고 있는 여러 가지 기체의 혼합물층.

멸종 어떤 생물종이 모두 죽어 사라지는 것.

산소 사람과 동물이 숨을 쉴 때 필요한 기체. 식물이 만든다.

삼림 벌채 밭을 만드는 것처럼 사람의 필요 때문에 나무를 베어 내고 숲을 없애는 일.

생태계 한 지역에 있는 생물과 그 주변의 모든 것.

서식지 어떤 동식물이 일정한 곳에 자리를 잡고 살아가는 곳.

수력 발전 물의 힘을 이용하여 발전기를 돌려서 전기를 만드는 방식.

열대 적도의 바로 위, 아래에 해당하는 지역. 1년 내내 기후가 따뜻하거나 덥고 습하다.

영양소 생명체가 살고 자랄 수 있도록 하는 물질. 동물은 음식, 식물은 흙에서 각각 영양소를 얻는다.

이산화 탄소 사람과 동물을 숨을 내쉴 때, 그리고 탄소를 태울 때 나오는 기체.

자연 보호 야생 생물과 같이 자연에 존재하는 모든 것을 지키고, 환경을 깨끗하고 건강하게 유지하는 일.

재활용 이미 사용한 물건을 다듬어 다시 사용할 수 있도록 만드는 일.

종 특징이 비슷하고, 서로 짝짓기를 해서 자손을 낳을 수 있는 동식물의 무리.

지구 온난화 이산화 탄소를 비롯해 태양의 열을 가두는 특정 기체가 늘어난 탓에 지구 대기의 온도가 높아지는 일.

지속 가능성 지금의 물건이나 환경, 생물을 다 써 버리지 않고 미래에도 그대로 남아 있을 수 있도록 하는 방식을 일컫는 말.

침식 표면에 있는 어떤 것이 서서히 깎이고 망가져 없어지는 과정.

플랜테이션 열대 또는 아열대 지방에서, 현지인의 값싼 노동력을 이용하여, 쌀·고무·솜·담배 따위의 특정 농산물을 대량으로 생산하는 농업 경영 형태.

환경 오염 땅, 공기, 물에 더럽거나 위험한 물질을 버리는 것.

희귀종 일정 지역에 아주 적은 수의 개체가 서식하기 때문에 환경이 나빠지면 멸종 위기에 처하게 되는 생물.

한눈에 보는 지식
27 사라지는 열대 우림

열대 우림은 아주 빠르게 줄어들고 있습니다. 200년 전에는 지구에 있는 땅의 14%를 열대 우림이 차지하고 있었습니다. 지금은 그 절반도 남아 있지 않습니다. 사람들이 숲에 있는 나무를 베어 내는 것을 삼림 벌채라고 합니다. 지금처럼 삼림 벌채가 계속 이어지면 여러분이 사는 동안 열대 우림은 모두 사라질 수 있습니다.

사람이 많이 다니지 않는 외딴 지역의 삼림 벌채를 정확히 알기는 어렵습니다. 그러나 전문가들은 해마다 17만 km^2의 열대 우림이 지구상에서 사라진다고 추측합니다. 30초 동안에 축구장 20개 크기의 숲이 사라지고 있는 것입니다.

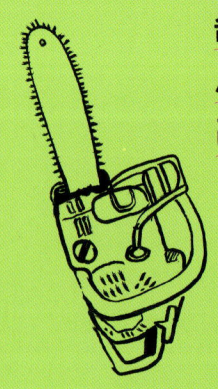

티크와 흑단처럼 인기 있는 목재를 얻기 위해서 열대 우림의 나무를 베어 냅니다. 열대 우림에서 베어 낸 목재는 다른 나라로 수출되어 가구나 장식품이 됩니다. 종이를 만들거나 연료로 쓰기 위해 나무를 베어 내기도 합니다.

나무를 베어 낸 곳에는 플랜테이션 농장이나 목장을 만듭니다. 플랜테이션 농장에는 콩, 기름야자, 커피, 설탕 등 전 세계로 팔려 나가는 작물만 대량으로 재배합니다. 열대 우림 지역의 농부도 작은 규모이기는 하지만 삼림 벌채를 이어가고 있습니다.

한줄요약
열대 우림에서는 목재, 연료, 목장, 농장, 광산을 위해서 삼림 벌채가 이루어지고 있습니다.

열대 우림 산업
수력 발전과 광업도 숲을 숲이 사라지게 합니다. 광업은 삼림 벌채와 환경 오염을 일으킵니다. 또한 광물을 실어 나르기 위해 뚫은 도로를 이용해 더 많은 벌목꾼, 목축가, 농부가 숲에 들어와 숲을 파괴합니다. 수력 발전을 위해 강에 댐을 세우면 댐 뒤쪽에 거대한 호수가 만들어지는데, 그곳에 있던 숲은 호수에 잠기게 됩니다.

한눈에 보는 지식
28 삼림 벌채

열대 우림의 나무를 베어 내면 동식물은 서식지를 잃습니다. 그곳에 사는 원주민들도 살 곳이 사라집니다. 삼림 벌채는 강수량에도 영향을 미칩니다. 열대 우림에서는 숲, 강, 공기를 순환하는 습기는 비가 되어 내립니다(14~15쪽). 나무가 사라지면 이 물의 순환이 무너집니다. 비가 내리지 않으면 농부들은 농작물을 재배할 수 없게 됩니다.

나무는 광합성을 통해 산소를 만들어 내보냅니다(18~19쪽). 나무가 많을수록 동물이 숨 쉬는 데 필요한 대기의 산소가 늘어납니다. 또 나무는 동물이 숨 쉴 때 나오는 이산화 탄소를 흡수합니다.

자동차, 공장, 화력 발전소는 석탄과 석유를 태우며 이산화 탄소를 배출합니다. 이 때문에 대기에 이산화 탄소가 늘어납니다. 이산화 탄소는 태양열을 대기 밖으로 빠지지 못하도록 붙잡아 지구는 점점 더 뜨거워집니다. 열대 우림이 사라지면 이산화 탄소를 흡수할 나무가 줄어듭니다. 나무를 태울 때도 이산화 탄소가 나오기 때문에 지구 온난화 문제가 더 심각해집니다.

삼림 벌채는 침식을 일으킵니다. 나무뿌리는 흙을 붙잡고 있는데, 나무를 베어 버리면 흙이 물에 쉽게 휩쓸려 내려갑니다. 침식이 일어나면 흙 속에 있던 영양분도 사라지기 때문에 땅은 더욱 메마르게 변합니다.

침식 확인하기
준비물 식물을 심은 화분, 흙만 채운 화분, 접시 두 개, 물뿌리개
실험 방법
① 식물을 심은 화분 밑에 접시를 받치고, 흙만 채운 화분 밑에도 접시를 받치세요.
② 두 화분에 모두 물을 주세요.
③ 1분 뒤, 화분을 들어 접시의 상태를 확인하세요.
⋯ 식물을 심은 화분에 준 물은 천천히 흘러내리고 깨끗한 상태로 나올 것입니다. 하지만 흙만 채운 화분은 흙을 붙잡을 뿌리가 없어서 흙탕물이 흘러나올 것입니다.

한줄요약
삼림 벌채는 열대 우림 지역을 건조하게 만들고, 지구 온난화를 불러옵니다.

한눈에 보는 지식
29 멸종 위기 야생 동물

열대 우림에는 수천 종이나 되는 동식물이 어울려 살고 있습니다. 열대 우림이 사라지면 이 생물들은 죽거나 서식지를 잃게 됩니다. 학자들은 해마다 삼림 벌채로 5만 종이 넘는 생물들이 사라지고 있다고 추측합니다. 하루에 137종의 동식물이 사라지는 셈이지요!

고릴라, 호랑이, 코뿔소, 오랑우탄이 없는 세상을 상상해 보았나요? 이 동물뿐만 아니라 많은 생물이 멸종 위기에 처해 있습니다. 한 생물이 멸종하면 다른 동식물에도 영향을 미칩니다. 생태계에서 아주 중요한 역할을 하는 생물을 핵심종이라고 합니다. 예를 들어 에콰도르의 갈색거미원숭이는 활엽수의 씨앗을 퍼뜨리는 데에 매우 중요한 역할을 하는 핵심종입니다.

열대 우림의 동물들은 또 다른 위험에도 처해 있습니다. 밀렵꾼들은 엄니와 뿔을 얻으려고 코끼리와 코뿔소를 죽입니다. 악어, 호랑이, 재규어는 가죽과 털을 구하려고 죽이거나 무섭고 위험한 동물이라고 죽입니다. 새와 어린 원숭이들은 잡아서 반려동물로 팔기도 합니다.

야생 동물 구호 단체들이 나서서 희귀종을 살리기 위해 애쓰고 있습니다. 동물을 숲의 다른 지역으로 옮기거나 보호 구역에서 살도록 합니다. 세계 자연 보전 연맹(IUCN) 같은 기관은 멸종 위기종을 보호하는 법을 제정하는 운동을 벌입니다.

한줄요약
열대 우림의 많은 생물이 멸종 위기에 처해 있습니다.

희귀한 야생 동물 조사하기
세계 자연 보전 연맹은 매년 멸종 위기 종을 담은 적색 목록을 인터넷에 발표합니다. www.iucnredlist.org에 접속해 보세요. 그리고 왜 희귀해졌는지 알아보세요.
⋯ 92~95쪽의 내용을 읽어 보세요.

열대 우림의 동물들은 삼림 벌채와 그 밖의 위험 때문에 멸종 위기에 몰려 있다.

사냥꾼들은 원숭이를 잡아 반려동물로 팔거나 사람들에게 구경시켜서 돈을 번다.

밀렵꾼들은 뿔, 털, 가죽, 엄니를 얻기 위해 동물들을 죽인다.

나비를 잡아 표본을 만든 뒤 기념품으로 판다.

열대 우림의 동물들에게 가장 큰 위험은 삼림 벌채다. 나무를 베어 버리면 동물들은 서식지를 잃게 된다.

어떤 동물은 그저 위험해 보인다는 이유만으로 죽임을 당한다.

한눈에 보는 지식
30 열대 우림 보호하기

세계의 열대 우림은 사라지고 있지만, 정부, 구호 단체, 열대 우림 지역 사람들은 남아 있는 숲을 지키기 위해 애쓰고 있습니다. 이런 활동을 자연 보호라고 합니다.

열대 우림을 보호하는 가장 좋은 방법은 국립 공원과 자연보호 구역으로 지정하는 것입니다. 이렇게 지정되면 벌목을 할 수 없으며 야생 생물을 보호합니다. 2002년에 문을 연 브라질의 투무쿠마케 국립 공원은 세계에서 가장 큰 열대 우림 국립 공원으로 꼽힙니다.

관광객은 돈을 내고 국립 공원과 자연보호 구역에 들어가야 합니다. 입장료는 자연 보호에 쓰입니다. 이런 관광을 생태 관광이라고 합니다. 지역 사람들에게는 공원을 관리하고 보호하는 등의 일자리가 생깁니다.

과일, 견과류, 고무 같은 작물은 나무를 베지 않고도 수확할 수 있습니다. 이런 방식을 지속 가능한 농업이라고 합니다. 지속 가능한 농업은 나무를 베어 목재로 쓰는 것보다 훨씬 많은 돈을 벌 수 있습니다. 숲을 벌목할 때는 좁은 지역만 나무를 베어 내고, 나머지는 야생 생물을 위해 남겨 두는 것도 지속 가능하게 숲을 관리할 수 있는 방법입니다. 늙은 나무를 대신할 새로운 묘목을 심기도 합니다.

한줄 요약
우리 모두는
열대 우림을 지키는 데
함께할 수 있습니다.

우리가 열대 우림을 지키는 방법
① 나무를 베어 내지 않도록 종이를 재활용하세요.
② 식품 성분표를 꼼꼼하게 읽고 팜유가 없는 제품을 사세요. 팜유의 원료인 기름야자를 키우려고 숲을 벌채하기 때문입니다.
③ 구호 단체에 가입해 여러분이 좋아하는 동물을 후원하세요.
④ 환경 보호 기금을 마련하기 위해 열리는 야외 활동, 자전거 경주, 수영 등에 참여하세요.
⑤ 나무를 심어요!

지식 플러스
열대 우림의 멸종 위기 생물

세계 자연 연맹(IUCN) 적색목록이란?

세계 자연 연맹(IUCN)은 인간의 활동과 자연파괴로 인해 위험에 처한 생물종을 보호하기 위해 만들어진 단체다. 세계의 동식물과 그 밖의 생물종의 보존 상태를 기록한 '적색 목록(Red list, 레드리스트)'를 1963년부터 매년 펴내고 있다. 적색 목록에는 멸종 위기에 처한 생물종뿐만 아니라, 우리 주변에서 널리 볼 수 있고 수가 많아 지금은 멸종을 걱정할 필요가 없는 생물까지 고루 담긴다. 쉽게 말해 현재 지구상에 존재하는 모든 생물의 목록이라고 할 수 있다. 생물의 보존 상태는 9가지 단계로 나뉜다. 이 가운데 절멸은 완전한 멸종, 야생 절멸은 사실상 멸종 상태다. 절멸 위급, 절멸 위기, 취약은 멸종 우려 상태로 여겨진다. 준위협은 멸종할지도 모르는 상태, 최고 관심과 정보 부족은 아직 멸종을 걱정하지 않아도 되는 상태에 속한다.

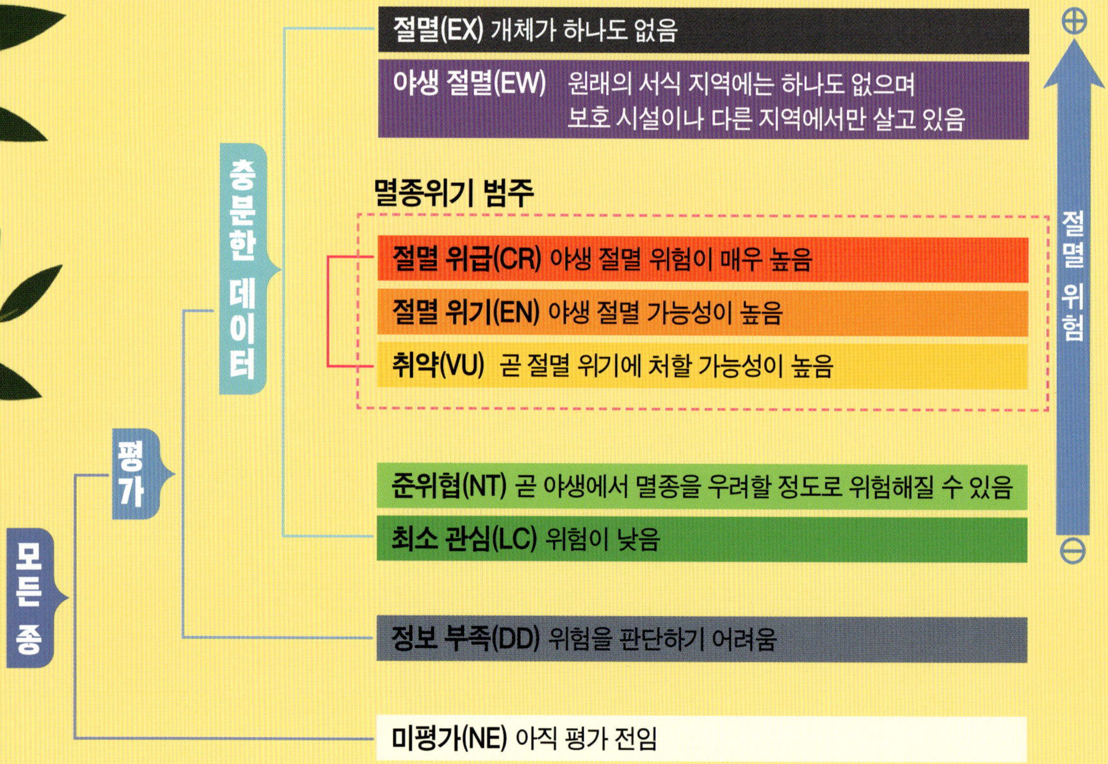

모든 종 → 평가 → 충분한 데이터

- **절멸(EX)** 개체가 하나도 없음
- **야생 절멸(EW)** 원래의 서식 지역에는 하나도 없으며 보호 시설이나 다른 지역에서만 살고 있음

멸종위기 범주
- **절멸 위급(CR)** 야생 절멸 위험이 매우 높음
- **절멸 위기(EN)** 야생 절멸 가능성이 높음
- **취약(VU)** 곧 절멸 위기에 처할 가능성이 높음

- **준위협(NT)** 곧 야생에서 멸종을 우려할 정도로 위험해질 수 있음
- **최소 관심(LC)** 위험이 낮음

- **정보 부족(DD)** 위험을 판단하기 어려움

- **미평가(NE)** 아직 평가 전임

(절멸 위험 ⊕ → ⊖)

아메리카

북부갈색고함원숭이 Northern Brown Howler Monkey CR

아마존 열대 우림에 사는 고함원숭이의 한 종이다. 나무 꼭대기와 수관층에서 살며 소리를 질러 의사를 표시한다. 브라질 동부에만 서식하며 성체가 50마리도 채 남지 않은 것으로 추정된다.

황금머리사자타마린 Golden-headed lion tamarin EN

브라질의 대서양 연안에만 사는 원숭이로, 머리 주변에 난 황금색 털이 특징이다. 열대 우림에 서로 띄엄띄엄 떨어진 채 살아가기 때문에 멸종 위험이 높다.

자이언트수달 Giant otter EN

아마존강에서 사는 거대한 수달이다. 아마존의 무서운 포식자인 검정카이만이나 재규어까지 공격할 정도로 성질이 사나운 육식동물이다.

아마존강돌고래 Amazon river dolphin EN

아마존강에서 사는 돌고래로 옅은 회색과 분홍색을 띤다. 신생대에 바다에서 아마존강으로 들어왔다가 빠져나가지 못하고 진화한 것으로 보인다.

유리개구리 Glass frog VU

중앙아메리카와 남아메리카의 열대 우림에 서식하는 개구리 종이다. 몸이 투명해 몸속 장기가 비쳐 보인다. 종류에 따라 상태는 조금씩 다르지만, 대부분 멸종 위험에 처해 있다.

오리노코악어 Orinoco crocodile CR

콜롬비아와 베네수엘라 일대의 오리노코강 유역에서만 살아가는 악어다. 원래는 수가 많았지만, 19세기부터 악어가죽을 노린 사람들에게 사냥당하면서 절멸 위기에 처했다.

93

지식 플러스
열대 우림의 멸종 위기 생물

아시아

인도호랑이 Bengal Tiger `EN`

방글라데시 순다르반과 인도 열대 우림, 네팔에 사는 호랑이다. 지금은 멸종을 막기 위해 순다르반 공원 내의 보호 구역에서 살아갈 수 있게 돌보고 있다.

수마트라오랑우탄 Sumatran Orangutan `CR`

인도네시아 수마트라섬에서만 사는 오랑우탄으로 보르네오오랑우탄보다 몸집이 크고 얼굴도 더 길다. 보르네오오랑우탄과 더불어 아시아에서 사는 유일한 유인원이다.

라플레시아 Rafflesia magnifica `CR`

라플레시아는 지름이 1m가 넘는 큰 꽃으로 사체가 썩는 것과 같은 고약한 냄새를 내뿜어 동물과 곤충을 유혹한다. 자연적으로 자라는 라플레시아는 인도네시아의 열대 우림에서만 볼 수 있다.

수마트라코뿔소 Sumatran Rhinoceros `CR`

수마트라섬에서만 사는 수마트라코뿔소는 코뿔소 가운데 가장 크기가 작은 편이다. 지금은 30마리 미만의 성체만 남은 것으로 추정된다.

자바푸른띠물총새 Javan Blue-banded Kingfisher `CR`

인도네시아에 사는 물총새의 일종으로, 최근에는 인도네시아 구눙할리문 국립공원에서만 발견되고 있다. 자연에서 살아가는 개체는 그 수가 매우 적은 것으로 여겨진다.

띠잎원숭이 Banded Leaf Monkey `CR`

말레이시아와 미얀마, 싱가포르, 태국 일대의 열대 우림에서 살아가는 긴꼬리원숭이다. 머리에 볏처럼 솟은 긴 털이 특징이다.

아프리카와 오세아니아

서부아프리카침팬지 Western Chimpanzee CR

침팬지의 세부 종류 중 하나로 서부 아프리카에서만 산다. 여러 침팬지 가운데 가장 심각한 멸종 위기에 처해 있다.

동부고릴라 Eastern Gorilla CR

아프리카에 사는 고릴라는 크게 동부와 서부, 두 종류로 나뉜다. 동부고릴라는 다시 산악 우림에서 서식하는 산악고릴라와 사바나에서 살아가는 저지대고릴라로 나뉜다. 그중 산악고릴라가 가장 수가 적다.

흑백목도리여우원숭이 Black-and-white Ruffed Lemur CR

마다가스카르에서 사는 여우원숭이의 일종으로 얼굴 주변을 둘러싼 하얀 털이 특징이다. 목도리여우원숭이 중에서도 멸종 위험이 가장 높다.

뉴질랜드긴꼬리박쥐 New Zealand Long-tailed Bat CR

애기박쥐의 일종으로 뉴질랜드의 토착종이다. 오스트레일리아를 포함한 오세아니아의 여러 지역에서 사는 다른 종류의 박쥐들과 친척 관계다.

서부긴코가시두더지 Western Long-beaked Echidna CR

북서부 파푸아뉴기니에서만 서식하는 단공류로 새끼가 아닌 알을 낳는다. 알에서 부화한 새끼는 어미의 젖을 먹으며 자란다.

정답

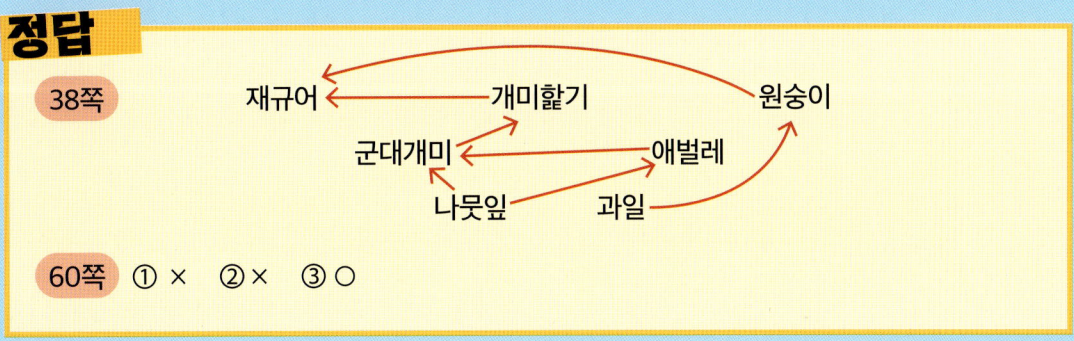

초등학생을 위한 지식습관 6
열대 우림 30

글 | 젠 그린 그림 | 스테파니 머피
옮김 | 김은영 감수 | 이정모

1판 1쇄 인쇄 | 2022년 8월 16일
1판 1쇄 발행 | 2022년 9월 13일

펴낸이 | 김영곤
이사 | 은지영
영상사업1팀 | 김종민
아동마케팅영업본부장 | 변유경
아동마케팅1팀 | 김영남 황혜선 황성진 이규림
아동영업1팀 | 이도경 오다은 김소연 **아동영업2팀** | 한충희 강경남 오은희
편집 | 꿈틀 이정아 이정화 **북디자인** | design S 손성희 **제작 관리** | 이영민 권경민

펴낸곳 | (주)북이십일 아울북
등록번호 | 제406-2003-061호 **등록일자** | 2000년 5월 6일
주소 | 경기도 파주시 회동길 201(문발동) (우 10881)
전화 | 031-955-2128(기획개발), 031-955-2100(마케팅·영업·독자문의)
팩시밀리 | 031-955-2421
브랜드 사업 문의 | license21@book21.co.kr
이미지 | 셔터스톡 93, 94, 95, 위키미디어 95

ISBN 978-89-509-0389-3 74370
ISBN 978-89-509-1290-1 74370(세트)

Rainforests in 30 Seconds
Text: Jen Green, Illustrations: Stephanie Murphy
Copyright © 2017 Quarto Publishing plc
First published in the UK in 2017 by Ivy Kids, an imprint of The Quarto Group.
All rights reserved.

Korean translation © 2022, Book21
This edition is published by arrangement with Quarto Publishing plc through KidsMind Agency, Korea.
이 책의 한국어판 저작권은 키즈마인드 에이전시를 통해 Quarto Publishing plc와 독점 계약한 북이십일에 있습니다.
신 저작권법에 의해 한국 내에서 보호를 받는 저작물이므로 무단전재와 복제를 금합니다.

· 잘못 만들어진 책은 구입하신 서점에서 교환해 드립니다.

- 제조자명 : (주)북이십일
- 주소 및 전화번호 : 경기도 파주시 회동길 201(문발동) / 031-955-2100
- 제조연월 : 2022. 9. 13.
- 제조국명 : 대한민국
- 사용연령 : 3세 이상 어린이 제품

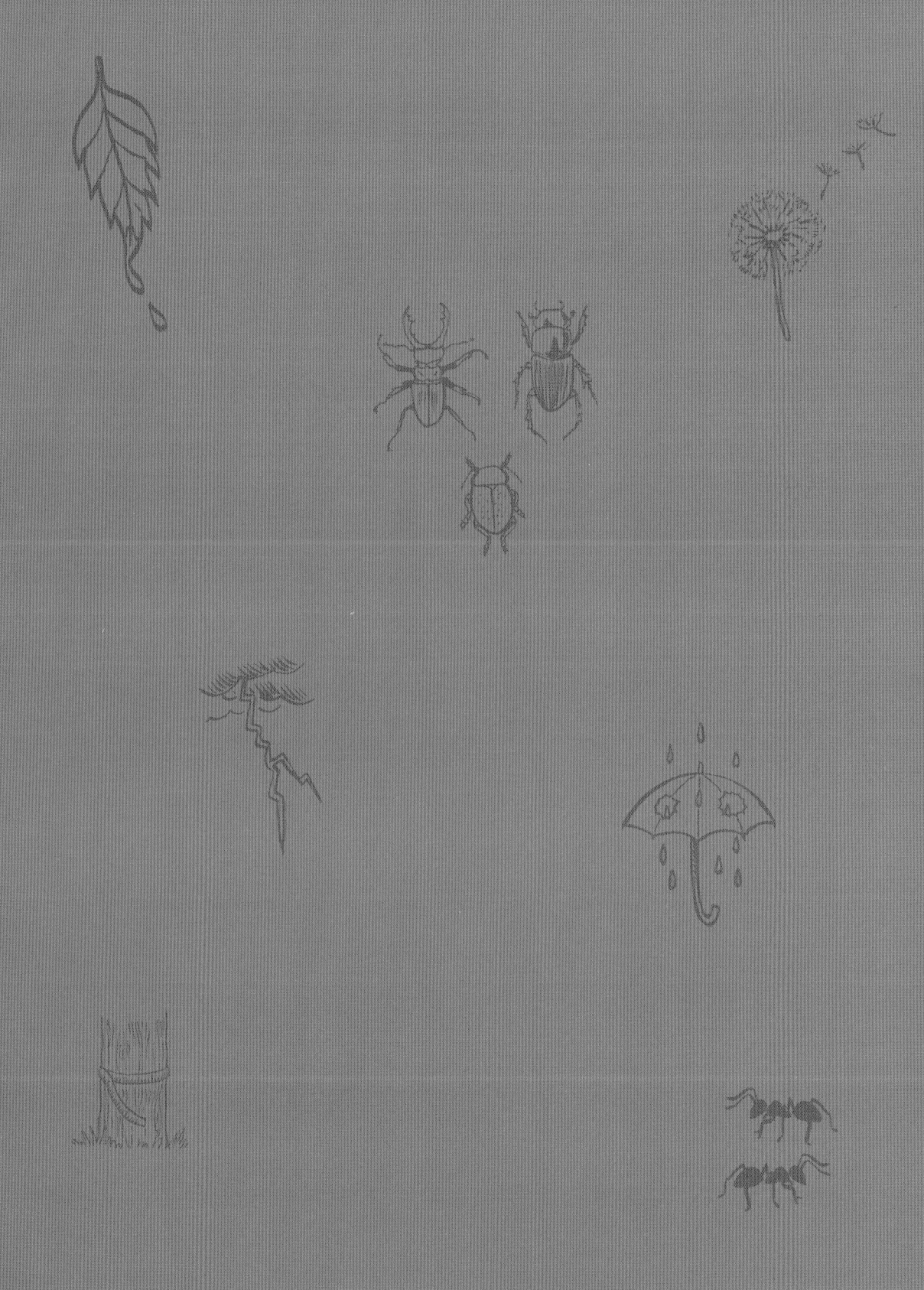